認識力を高める授業

読みの解像度を上げるメカニズム

佐藤佐敏

三省堂

目次

装丁・本文レイアウト◉臼井弘志（公和図書デザイン室）
帯イラスト◉藤塚尚子（etokumi）
本文イラスト◉田中斉

序章

1 文字記号の映像化

『ケーキの切れない非行少年たち』（宮口幸治二〇一九）というセンセーショナルなタイトルの書籍がベストセラーとなりました。この書籍では、少年院で出会う少年たちの特徴を整理しています。宮口によると、彼らは特に「【認知機能の弱さ】見たり聞いたり想像する力が弱い」（同：四七）ということです。宮口は、小学校二年生の段階で学校の授業についていけなくなっていると説明しています。

学校教育の現場に携わっている方々の多くは、「簡単な図形を写せない／短い文章すら復唱できない」（同：二四）という子どもがいることを知っていますので、その子どもたちを思い出し、「そうかもしれない」「そうだとすると、何とかしたい」といった心情でこの本を読まれたのではないかと思います。[*1] 学校には一定数認知機能の弱い子どもがいますので、その子どもの将来が悲観的なものとならないように支援していきたいものです。[*2] 実際、こういった子どもたちに対して日々熱心に根気強く支援している先生方がいます。本当に頭の下がる思いです。義務教育を終えるまでに、彼らをなんとか支援してあげたいものです。

また、先生方は、次のような思いをもったことがあることでしょう。「支援が必要な子に限らず、同じ文章を読んでいるのに頓珍漢なことを言い出す子どもがいる……この子どもの頭の中ではどんな映像が浮かんでいるのだろう、彼らは私たちと違った景色を見ているのかもしれない……」と。

これは、支援が必要な「認知機能が弱い」子どもに限った話ではありません。

極端な事例を用いるとその固有性が際立ってしまいますが、子どもたちに限らず、多かれ少なかれ、私たち自身も、認知機能が不具合を起こし、情報を誤受信していることがあります。認知の歪みというと大仰に聞こえますが、情報を正確に受信せず、勘違いして受け取ってしまう、思い込みによって誤読してしまう、そういったことは私たちにも日常的に起こっています。

日本の子どもたちの読解力について問題提起した『ＡＩ vs. 教科書が読めない子どもたち』（新井紀子二〇一八：二〇〇）のリーディング・スキルテストには、次のような問題が掲載されています。

Alex は男性にも女性にも使われる名前で、女性の名 Alexandra の愛称であるが、男性の名 Alexander の愛称でもある。この文脈において、以下の文中の空欄にあてはまる最も適当なものを選択肢のうちから1つ選びなさい。

Alexandra の愛称は（　　　　）です。

①Alex　②Alexander　③男性　④女性

いかがでしょうか、即答できた方もいらっしゃると思いますが、すぐに解答できず、本文を二度読み、三度読みした方もいるのではないかと拝察します。

この問題の正答率は中学生で三八％、高校生で六五％だった（同：二〇一）ということで、日本の子どもたちの読解力の低下が問題となりました。

これに対して、平田オリザがＷｅｂ上で興味深いことを述べていますので紹介します。[*3]

英語における「愛称」の意味するところが解らなかったのだと思う。この点については、静岡大学の亘理陽一先生がブログの中で、以下のような問題文なら、もっと正答率が上がったのではないかと指摘している。

「ゆうちゃん」は男性にも女性にも使われるあだ名で、女性のユウカさんの愛称の場合もあれば、男性のユウキさんの愛称の場合もある。

↓ユウカさんのあだ名は（　　　）である。

①ゆうちゃん　②ユウキ　③男性　④女性

私は、リーディング・スキルテストを批判しているわけではありません。やはりこの問題を解くことのできない中高生が大勢いるということは軽視できません。

しかし、なぜ、「Alex」を「ゆうちゃん」にし、「愛称」を「あだ名」にすると、簡単にこの文章を読み解くことができるのでしょう。『教科書が読めない子どもたち』というタイトルが示すとおり、ここには、「言葉の意味を理解するとはどういうことなのか」という問題があることが見えてきます。

日本では、「Alex」や「Alexandra」や「Alexander」という名前の人が身近にいるということは稀でしょう。字面だけで「Alex」「Alexandra」「Alexander」と受信しても、その人物の姿が脳内に浮かびません。一方、「ゆうちゃん」「ユウキ」「ユウカ」と言われると、似た名前の知り合いを

図1●名前の映像化

思い出したり、映画やドラマを見た経験を想起したりして、その人物が映像化されます。同名の人が近くにいれば、なお一層解像度高く映像化されることでしょう。また、この「ユウキ」「ユウカ」の性差を判然とさせて「ユウタ」「ユウコ」という名で考えると、さらにその映像の解像度は鮮明となり、解答は容易になることでしょう。

もとより著者の新井は、この「言葉の意味を理解できない問題」を取り上げているわけですけれど、「言葉を理解する」ためには、まず言葉を目にしたときに、それを脳内に映像化することができるとよいということも見えてきます。新井の研究グループは、この問題を「解像度」という用語を使って説明しています。その映像は、できるだけ解像度を上げて鮮明に脳内に再現できることが望ましいわけです。*4

では、次の文章を読んでその状況を脳内で映像化してみてください。

風船が破裂すれば、なにしろすべてがあまりに遠いから、音は目当ての階に届かないだろう。ほとんどの建物はよく遮蔽されているので、窓がしまっているとやはり届かないだろう。作戦全体は電流が安定して流れるかどうかによるので、電線が切れると問題が起きるだろう。もちろん、男は叫ぶこともできるが、人間の声はそんなに遠くまで届くほど大きくはない。付加的な問題は、楽器の弦が切れるかも知れないことである。そうすると、メッセージに伴奏がつかないことになる。距離が近ければよいのは明らかである。そうすれば、問題の起きる可能性は少ない。顔を合わせている状態だと問題が少なくてすむだろう。

この文章で描写されている風景を映像化できた方はいないのではないでしょうか。

これはアメリカの心理学者J・D・ブランスフォードらの実験を西林克彦（二〇〇五：五一―五三）が紹介した事例として広く知られていますので、ご存じの方もいると思います。西林はブランスフォードらの実験を文脈とスキーマの関連で解説しています。本著は、それを「映像化」「解像度」という用語を使って説明します。

先の文章は、次の図を見せてもらうと、すんなりと理解できることでしょう。

図2●先述の文章を適切に示したコンテクスト画像

文字記号で入力された情報をいかに再現性高く解像度を上げて脳内に映像化できるか、ということが理解の鍵を握ることが伝わると思います。右の図に示される状況はかなり特殊であり、私たちの知識や経験にはないこと（スキーマが形成されてないこと）なので、その映像化はとてつもなく困難であったはずです。

ここまで二つの事例を挙げましたが、私がここで確認しているのは、次のことです。

文章を理解するためには、一つ一つの言葉の指し示す意味がわからないといけない。「意味がわかる」ためには、まず脳内にそれが映像化できるとよい。その映像の再現性が高く解像度が鮮明であれば鮮明であるほど、その文章を理解しているということである。

また、その映像は自身のもっている経験や知識と密接に関連していれば鮮明となりやすく、関係性が薄かったり、その言葉に関連する経験や知識が皆無であったりすると、その映像化は困難になりやすい。

かつて宇佐美寛（一九七八：二一―二二）は、この件について次のように述べたことがあります。

「ことばの内容を知るということは、何らかそれに対応する経験を持つことを必要とする。……（引用者中略）……ことばがわかるということは、……（引用者中略）……経験とことばとを結びつけるということなのである。」

言葉を理解しようとするとき、私たちは、無意識のうちにその言葉に関する様々な経験を想起しています。そして関連性の強い経験があれば、その理解は鮮明になっていきます。それは直接的経験だけでなく間接的経験や過去に知り得た知識といったこととの関連性でもあります。

これは、物事を認識する、ということになりますが、物事を認識するときには、言葉を用いますので、「指し示されるもの（指し示されること）」と、「指し示している言葉」の関係を捉える作業を行っています。このとき、「指し示されるもの」ですと視覚化できるのでまだ認識しやすいですが、「指し示されること」になってくると、なかなか認識するのが難しくなります。それは、「もの」でなく「こと」になると、抽象度の高い言葉で指し示されることになり、抽象思考が求められるからです。

小学校一年生の国語の教科書に掲載されている説明文では、すでに「はたらき」「やくめ」「つくり」といった抽象度の高い言葉が用いられています。これらは、概念を表す言葉でもあります。これら抽象度の高い概念は映像化しにくいですので、これらの言葉が多用される文章は理解するのが難しくなるわけです。

これらについては理論編にて詳しく説明します。

さて、このように、言葉の指し示すことが理解できるかどうか、また、言葉の指し示すことを映像化できるかどうか、という問題は、実は学校の国語の授業で取り上げてきた学習内容そのものです。

受信する文字記号である言葉の意味がわかり、文章を理解できるということこそ、小学校低学年からスパイラルに行われている国語の読みの授業の営みだったのです。

意味のわからない言葉を放置しておけば、その文章全体の理解は曖昧になります。これは至極当たり前のことです。だからこそ、わからない言葉を一つ一つ確認し、自身の経験や知識を想起しながら、その描写や叙述を鮮明に映像化していく作業が重要であり、その作業の積み重ねの中で私たちは、「指し示されるもの（こと）」と「指し示している言葉」の関係を少しずつ少しずつ緻密に分類して、物事の認識の仕方を学んでいくのです。

図3●解像度（画素数）を上げるということ

2 私たちは理解していない

さて、では、もう一つ事例を挙げます。

次に紹介する二つの新聞投書を読んでください（池田久美子二〇〇八：九六）。

先日、某国立大学付属病院に外来で、痔疾の診察を受けたところ、教授に随伴する学生十数人が周囲をおっとり囲み、次々と触診し、あげくの果ては患部を露出したまま教授の長々とした学生向けの説明があり、消え入りたいような屈辱の思いを味わわされた。（略）いやしくも、身体の恥部を衆人の眼前にさらされて当然と心得る、医学教育に公憤を禁じ得ない。（略）

〈兵庫県　A　公務員　五十九歳〉

（略）もちろん苦痛があって来院しているのに、学生の問診があったり、患部を前にして講義されるのは不快なことでしょうが、もっと温かい目で医者の卵を見てはもらえないでしょうか。学生たちも別に好奇の目で患者を見ているのではないし、少しでも多くのことを学んで、将来の医療に役立てようとしているのです。（略）

〈富山県　B　学生　十九歳〉

この二つの新聞投書を読んで、みなさんはどんな感想をもったでしょう。

「Aさんの気持ちもわかるし、Bさんの立場もわかる」「立場が変わると感じ方も様々だ」といった感想をもった方が多いのではないでしょうか。毎年、私は大学の講義で学生に感想を聞いていますが、多くの学生がこのように答えます。また、「Bさんは、Aさんの気持ちを受け止めていない」という発言をする学生もいますが、その根拠をズバリ指摘できる人は五〇人に一人くらいです。

みなさんは、「Bさんが、Aさんの気持ちを受け止めていない」その根拠をズバリ説明できるでしょうか。先を読む前に、もう一度新聞投書を読み直して考えてみてください。

一字一句丁寧に読むと、Bさんが、Aさんの叙述を勝手に変換していることに気づくことでしょう。

例えば、Aさんは、「触診」されたと言っているのに、Bさんは、「問診」と言い換えています。「問診」は、「いつから痛みますか」「どのくらいの頻度で痛みますか」などと口頭で尋ねることです。一方、若い学生十数人から「触診」されるのは想像したくないほど辛いことです。

また、「消え入りたいような屈辱の思い」を味わっているのに、Bさんは「不快なこと」と言い換えています。不快なことは、よくあることです。うだるように蒸し暑いであるとか、渋滞に巻き込まれたであるとか、日常的に経験しています。しかし、どうでしょう。「消え入りたいような屈辱の思い」は、数年に一度味わうかどうかといった経験ではないでしょうか。この他、「患部を露出したまま教授の長々とした学生向けの説明」も、「患部を前にして講義される」となっています。「講義」と言われると、大学教育の一環の正当性が保障されます。

推測するにBさんは悪意があってこれらの言葉を変換したわけではないでしょう。先に説明したとおり、私たちは、言葉を自身の経験や知識と結びつけながら受け取ります。Bさんは医療実習の臨床の場で実際に患者さんに「問診」したことがあったのかもしれません。また、患部を前にして「講義」を受けたことがあったのかもしれません。その自分の経験に引きつけてAさんの文章を読んでしまったのではないかと推測されます。

しかし、悪意がなかったとしても、このBさんの投書を読んだAさんは、さらに心を痛めたことが拝察されます。それを思い浮かべるとせつなくなりますが、これはBさんだけの問題にはとどまりません。大学の講義でこの二つの投書を読んだ受講生も、「Bさんが叙述を正確に引用していないこと」に気づく人はごく少数です。なぜ、この「言葉の変換」に私たちは気づかないのでしょう。

もし、私たち読み手が、Aさんの投書にある「触診」を脳内に映像化し、Bさんの投書にある「問診」も映像化して読んでいれば、Aさんの言っていることをBさんが正確に受け止めていないことを一読して即、指摘できるはずです。

しかし、どうやら私たち読み手は、この作業を丁寧に行わず情報を処理しているようです。

この事例から見えてくるのは、意外と私たちは他者の発信している内容を正確に理解しないまま、自分に都合のよいように情報を変換して受信しているということです。例えば、大学の講義にて私は学生に毎時間リアクションペーパーを書いてもらっていますが、この新聞投書のBさんのようなコメントを受け取ることがあります。そんなとき私は、「ちょっとねじれて伝わってしまったなあ」と頭を痛め、「説明の仕方が悪かったのだろう」と反省します。それと同時に、「人は自分の都合のよいように受信するものだからなあ」と心を落ち着かせて、次時で誤解を解くための補足説明を考えます。

私はここまで、三つの事例を用いて、「言葉を理解するということ」「文字記号を映像化するということ」「ものやことを認識しているということ」を巡るいくつかの問題を前景化してきました。

○　意味のわからない言葉があると、文章全体を映像化できず、文章を理解できない。わかりにくい文章も、一つ一つの言葉を映像化していくと、理解しやすくなる。
○　自身のもっている経験や知識と密接に関連していれば、その映像は鮮明となりやすく、その関係性が薄かったり、その言葉に関連する経験や知識が皆無であったりすると、その映像化は困難になる。
○　発信された情報を理解したつもりになっているけれど、全く理解してないということがある。一つ一つの言葉を丁寧に映像化して受信しないと勝手な受け取り方をしてしまうことがある。

いかがでしょうか。この三つの事例で、文字記号の映像の解像度を上げることが、物事の理解や認識の仕方に密接に関連しているということが伝わったのではないかと思います。

本著は、この「文字記号の映像化」というテーマに焦点化して、国語科教育という教科教育の枠組みから（時折他教科の事例も含めながら）これまでの著名な実践を取り上げ、「文字記号の映像化」に有効だと考えられる様々なアプローチを提案していきます。

すでに授業の中で実践されてきた様々な授業方法が、実は、この文字記号の映像化を促進することに貢献していたのだと再認識できることでしょう。

そして、その授業の積み重ねが重要であるということも実感すると思います。

◉注

＊1 宮口の主張については、学術的研究として見ると根拠となるデータやエビデンスが不足しているといった批判もあります。ここで宮口を引用したのは、取り上げたその非行少年たちの特徴が、支援の必要な一部の子どもの姿として現場の教師たちに実感をともなって理解されていると判断したことによります。

＊2 認知機能の低い人がみな、非行少年になるということはもちろんありません。認知機能の不具合は誰にでもあるという文脈に橋渡しするための「つかみ」としてこの事例を取り上げました。

＊3 平田オリザ 二〇一九「22世紀を見る君たちへ 検証・子どもたちは本当に『教科書が読めない』のか」https://mi-mollet.com/articles/-/18599（二〇二四年四月一八日最終確認）

＊4 リーディング・スキルテストについては、出題文が日本語として不自然である、不自然な文章を敢えて読解させているといった批判があります。このリーディング・スキルテストを引用した意図は、「言葉がわかる」ということが、経験や知識と関係しているということを説明するのに適した事例であり、かつ、「文章を理解する」ということは、言葉の意味の解像度を上げることであることを説明する事例として適切であると判断したことによります。そして、本問題を考えるにあたって、画素数を上げていくことで写真が鮮明になっていくことを知っている私たちは、言葉

の意味が鮮明になっていく過程を「解像度を上げる」と言語化することで理解しやすくなるため、本著では、「解像度」という用語を用いて説明していきます。

◉文献

新井紀子　二〇一八『ＡＩ vs. 教科書が読めない子どもたち』東洋経済新報社
池田久美子　二〇〇八「読み書きにおける『論理的思考』――『教室語』が考える力を奪う」『教育と医学』五六巻九号
宇佐美寛　一九七八『授業にとって「理論」とは何か』明治図書
西林克彦　二〇〇五『わかったつもり　読解力がつかない本当の原因』光文社新書
宮口幸治　二〇一九『ケーキの切れない非行少年たち』新潮新書

理論編

第1章

読みの解像度を上げる理論と方法

1 『一般言語学講義』（F・D・ソシュール）――思考を言語化するということ――

ここでは、思考と言葉の関係について確認します。[*1]

近代言語学の父と言われているF・D・ソシュール（一八五七〜一九一三）が、次のように言っています。

「人間の思考は不定形でぼんやりした塊に過ぎない。哲学者と言語学者が常に一致して認めてきたのは、記号の助けがなければ、二つの観念を明確に、そして定常的に区別することはできないだろうということである。それ自体として考えてみると、思考は星雲のようなもので、必然的に境界を定められたものは存在しない。だから、あらかじめ確定している観念はないし、ラングが登場する前に区別されているものはない。」

このF・D・ソシュールの言明を文字通り、図像化したいと思います。

下記の枠内は星空を表していると捉えてください。

点は星だと仮定します。つまり、下図は星雲を表しています。

さて、みなさんは、この星雲から、どんな星座を見出しますか。ちょっと無理をしてかまいません。星と星（点と点）を実線でつないで、なんらかの動物などを前景化させてみてください。

例えば、私は、この星雲から、「タカ（鷹）」の姿が見えてきました（**図5**）。

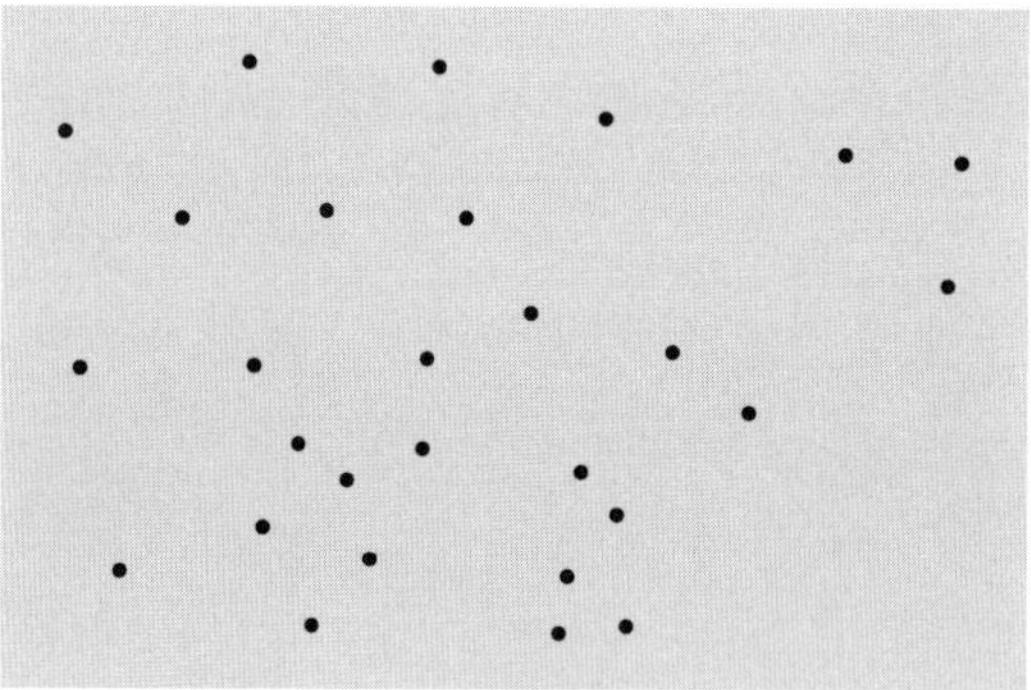

図4●星雲

また、「キツネ（狐）」の姿も見えてきました（**図6**）。左のとおりです。

星（点）の位置は一つも動かしていませんし、増やしても減らしてもいません。全く同じ星雲（点の集まり）を見て、動物の姿を探しながら点を結んでみただけです。

読者のみなさんのなかには、他の星座を見出した方もいたかもしれません。

ここで私が確認しようとしているのは、F・D・ソシュールが言うように、脳内に浮かぶ思考というものは、この星空と同じだということです。

「なんとなく浮かんでいる思い、考え、思考、感情、印象」といったものは、言語化しなければ、ぼやけたこの星雲に過ぎないということであり、「タカ」に見えて「タカ座」と言語化することで、その「タカ」という思いや考えが、明瞭になってくるのです。そして同じ星雲であっても、人によっては「キツネ座」と言語化したほうがその思考にピッタリはまると思うかもしれません。

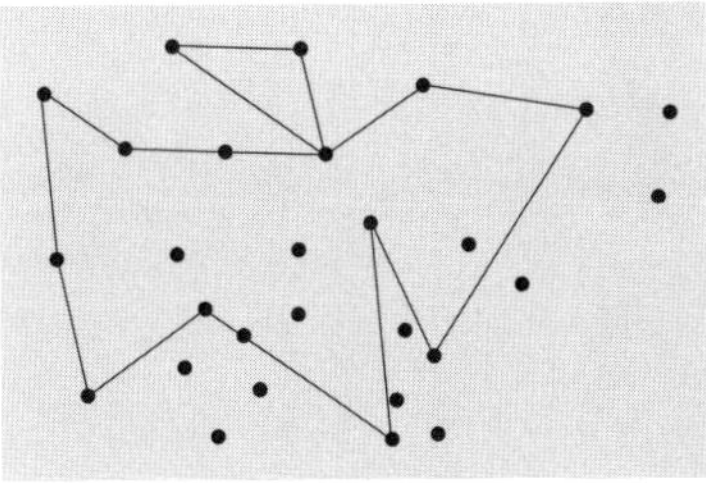

図5●タカ座

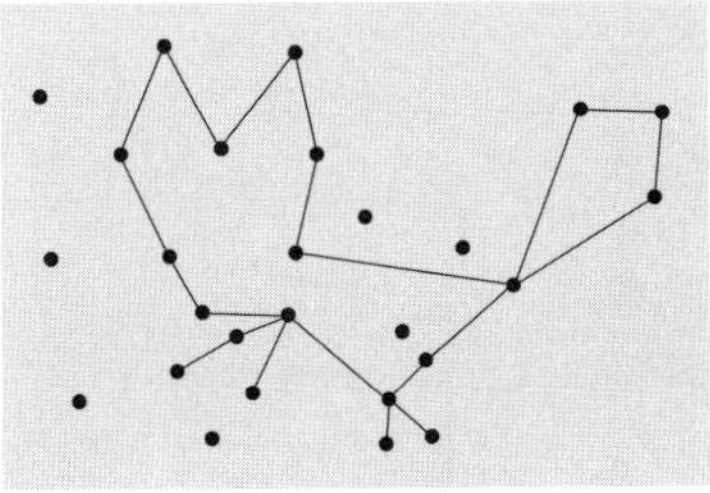

図6●キツネ座

私たち教師は、作文を書かせたり、作品を読んだ感想を書かせたりするときに、「思ったことをそのまま書けばいいんだよ」という指示を出しますが、「思ったこと」や「考えたこと」が、最初から明確な形で脳内にあるということはありません。「思ったこと」や「考えたこと」は、この「タカ座」や「キツネ座」のように、言語化することで同時に生まれ出るものです。ここのところを理解している教師は多くありません。

1 『一般言語学講義』（F・D・ソシュール）――思考を言語化するということ――

「思ったことを書け」と言われても子どもたちは困るだけです。その「ぼやっとしている星雲」にどういった言葉を当てはめると一番ぴったりするのか、それがわからないで鉛筆が止まっているわけですから。[*2]

実際子どもでなくとも、私たちも、今自分自身に起きている心の揺らぎをどう言語化したらよいかわからないと感じることはあることでしょう。「悲しみ」でもなく「哀しさ」でもない、「寂しさ」とも違うし「わびしさ」ではなお違う。「心の痛み」というのが一番しっくりくるだろうか……と思い、「心の痛み」という言葉を当てはめた途端に、その心の中にモヤモヤと広がっていた星雲は、「心の痛み」という言葉とともに顕在化してくるのです。

なお、この言語化は他の表象を排除するという働きもあります。先に示した星雲で言えば、キツネとして星を線で結んだ途端に、タカの姿は霧消していったことでしょう。思考と言葉はこのような関係になっているのです。ですので、思考は言葉の構造の枠組みの中でしか明瞭化しないのです。

さて、ここまでは、心の揺らぎを言葉として発信する場面で思考と言葉の関係を考えてみました。次に、これを受信する場面に置き換えて考えてみましょう。

ある物語で「彼は心が痛んだ」と書いてあったとしましょう。このときの「彼」の心の中は、「星雲のような茫漠とした状況」です。そして、それについて語り手が「心が痛んでいる」と判断し、語り手がそのように叙述したものです。そして、私たち読み手は、その語り手が言語化した「彼は心が痛んだ」という叙述を基に、その文脈と関連させながら自分の「心が痛んだ経験」を思い出して、その「彼」の心情を類推します。心あたりのない悪口を受けて傷ついたといったことを思い出す人もいるでしょうし、自分の代わりに友だちが怪我をしたといったエピソードを思い出す人もいるでしょう。それら「心が痛んだ経験」は個別の経験ですけれど、そのような様々な経験を作品の文脈と照合させて、読み手は「彼は心が痛んだ」という「彼」

の心情を推測します。

しかし、同じ場面の読解でありながら「心が痛む」という叙述ではなく、「悲しかった」と書かれていたほうがしっくりくるというように感じる読み手もいることでしょう。つまり、星雲に対して「キツネ座」と呼ばずに「タカ座」と呼んだほうが、その星雲の状況を身近に感じ、鮮明に理解できる場合もあるということです。あくまでもそのときの登場人物「彼」の心境は「星雲と呼ぶにふさわしい茫漠とした状況」なのであり、それを語り手が「彼は心が痛んだ」と言語化しているのであって、それは読み手が受け取った星空とは必ずしも一致しているわけではないということでもあります。

このように思考と言葉の関係は不安定で複雑です。

だからこそ、受信する場合は、文脈を辿り、経験や知識と言葉を往還しながらその場面を映像化していくことが重要になってきます。それと同時に、自分の経験は極めて狭隘で限定的ですので、他者の経験を借りながら解像度を高めていくことが大切になってくるのです。

◉注

＊1　本項は、内田樹（二〇〇二）を参考にしています。

＊2　そもそも星雲さえなく、脳内は真っさらな空だということもあるでしょう。星雲にどういった「〇〇座」という名をつけるのか。それは「〇〇」という語彙をどれだけ知っているかということと連関します。ソシュールは、言語共同体が使う語彙の総体を「ラング」と呼びました。私たちは、この「ラング」の制約の中で言葉を使用しています。例えば、「タカ（鷹）」という言葉が示す生物は既にその言語を使う共同体で共有されていて、私たちは、その約束事の中で言葉を用いています。

◉文献

内田樹　二〇〇二『寝ながら学べる構造主義』文春新書

F・D・ソシュール　町田健訳　二〇一六『新訳ソシュール一般言語学講義』研究社

2

一般意味論（A・コージブスキー）
——言葉の「概念」と言葉の「階層化・差異化」——

1 「言葉」と「事実」との関係

「地図《マップ》は現地《テリトリー》でない（非同一の原理）」

これは、A・コージブスキーが述べた卓見です。

これは現実の場面での事実と言語の関係を表した命題ですが、私たちの思考や思想にも当てはめて考えることができます。先ほどの星雲の例で説明しましょう。「キツネ座」「タカ座」と言語化した言葉が地図です。そして、茫漠と広がる星雲が現地です。ここまでの説明で、「キツネ座」「タカ座」という言葉のラベルと星雲それ自体はイコールではないということは伝わったことと思います。

しかしながら、私たちはその言葉が指し示していることを現地（事実）と勘違いしがちです。

言語学の一般意味論では、これを「同一化」と呼び、問題視しています。

この「地図は現地でない」ということについて、『一般意味論―言語と適応の理論―』（井上尚美・福沢周亮・平栗隆之一九七四）での説明を引用しましょう。

> いまここに、混色器があるとする。青、赤、黄などさまざまな色が穴のあいた円盤に組みこまれて、それが速くまわると、車が一様に灰色に見えるような割合になっている。
> さて、これがまわっているのをはじめて見たとすると何と言うだろうか。

「車は灰色である」（傍点平栗）……（引用者中略）……こうした定式化は、「その車は私には灰色に見える」という陳述にくらべ、明らかに観察者が感じたものについて、異なった構造的仮定をしている。前者は、「外にある何かは、私の見るところのものと等しい」と仮定しているのに対し、後者は、「外にある何かは、私の知覚技術の結果として、そのように見える」と仮定している。もしわれわれが、前者と「起こったこと」とを同一化すれば、われわれは結果的に、われわれの陳述が述べる出来事の構造について、誤った陳述をしたことになるのである。

（平栗隆之：一三一—一四）

「車は灰色である」という叙述と、「車は私には灰色に見える」という叙述の違いはおわかりいただけると思います。前者は、現地と地図を同一化しています。一方後者は、現地と地図の差異化を図って慎重に述べています。「私には、……と見える」という叙述のほうが誠実な描写であるわけですが、現実として私たちは簡単に「〇〇は、……だ」と断定した表現をしてしまいがちです。私たちは、「車は灰色である」という叙述を「事実を述べた文」として受け止めてしまいますが、事実かどうかは判断できません。

同様に、「車は美しいデザインである」という叙述はいかがでしょう。

この「美しい」という修飾語は、語り手の主観が入った表現です。見る人によっては、「美しい」とは思わないことでしょう。しかし、私たちは、これも「事実を述べた文」として捉えがちです。一般意味論では、「美しい」といった価値づけをしている言葉が入っている文はすべて「判断を述べた文」だと捉えます。

説明的文章の読み取りで「事実と意見を分けて考えましょう」という学習活動がありますが、教室で行っているこの学習活動で事実として捉えている文のほとんどは、実は事実（現地）ではありません。

一般意味論の理論が紹介されてもう半世紀経つというのに、未だに国語科教育界に浸透していないのです。これに関して、さらに踏み込んだ説明を加えます。

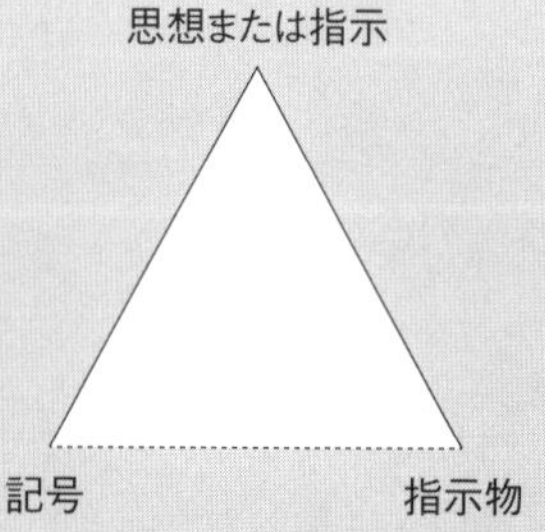

ことばと、ことばによって表わされるものとの間には直接の連結は存在せず、その回路はことばによって心の中に呼び起こされ、ものをさす心的内容（思想）を経由して（三角形の二辺をまわって）いかなければならないことを表わしている。

このことを二人は次のように述べている。『たとえば「犬」ということばと、われわれがよく街頭で見かける動物（犬というもの）との間には何ら直接のつながりは存しない。両者の間にある唯一の関係は、犬をさすときに、このことばを用いるということだけである』と。

（井上尚美：五八）

この現地と地図の関係を、「心の中の星雲」を例として整理してみましょう。

表1●現地と地図

現地	事実・指示物（指示されるもの）	（茫漠とした）星雲	（彼の）茫漠とした思い
	表象・観念（思想または指示）	キツネに見える図像	心の痛み（という捉え）
地図	記号・言葉（指示するもの）	キツネ座（という言語化）	彼は心が痛んだ（という言明）

この三角形の頂点「思想または指示」の箇所こそが、本著で述べている「映像化された表象」になります。この現地と地図の間に「思想または指示」を認めたところはC・オグデンとI・リチャーズの功績だと言われています（同：同）。ソシュールの例でいえば、現地である「茫漠とした星雲」を「キツネ座」「タカ座」と言語化する前に、そのように見えている「キツネやタカとして脳内に浮かべた表象」があるわけです（それを「思想または指示」と呼んでいます）。例えば、同じ表象を浮かべたとしても、「キツネ座」でなく「オオカミ座」と言語化する人がいるかもしれません。「タカ座」でなく「ワシ座」と言語化する人がいるかもしれません。

同様に「彼は心が痛んだ」という叙述は地図であり、そこには現地である彼の「茫漠とした思い」があるのであり、その彼の思い（現地）に対して、語り手が「心の痛み」と捉えて、「彼は心が痛んだ」と言明しているわけです。

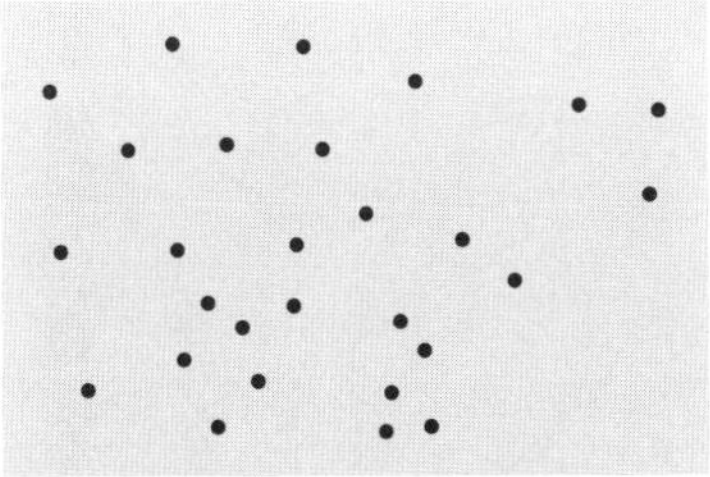

図7●「現地」である「星雲」です

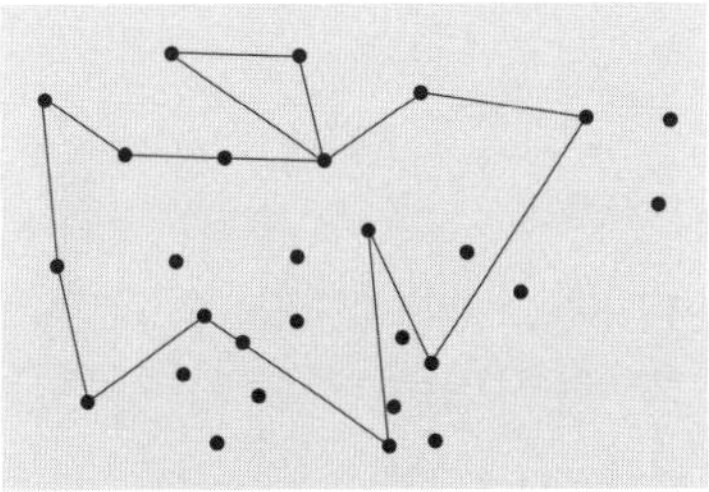

図8●同じ表象であったとしても、「地図」として「タカ座」と言語化しないで「ワシ座」と言語化する人がいます

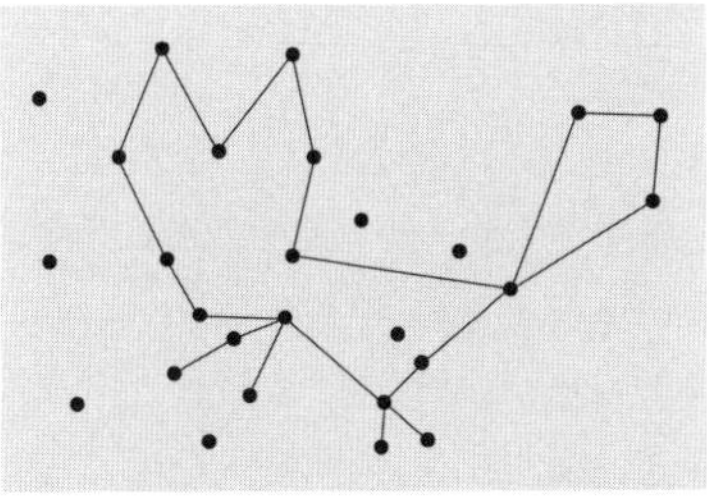

図9●同じ表象であったとしても、「地図」として「キツネ座」と言語化しないで「オオカミ座」と言語化する人がいます

2 地図から現地をどのように想像するか

では、この複雑な関係を成している地図から、読み手である私たちは現地をどのように想像していけば良いでしょう。さらに一般意味論の知見を援用して確認していきます。

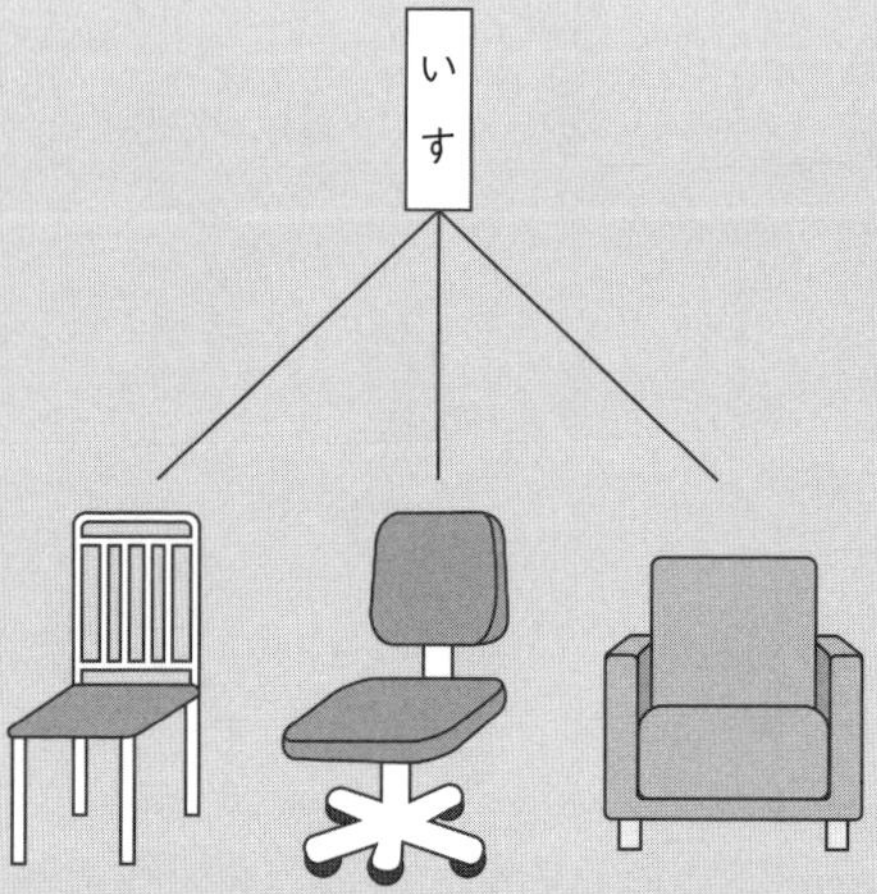

上図は、次のようなことを示している。ことばは、まさに地図であって、〝現地〟としての事実はさまざまである、と。したがって、ことばのみに反応することが問題として出てくるのであるが、認識力の育成という点では、次のようなことがらがとくに推進される必要がある。すなわち、低年齢のうちから一つ一つの単語についての経験を豊かに与え、できるだけ詳細な地図にことばをしていくという点である。「いす」一つを教えるにしても、単に一つの椅子を経験させるのではなく、いろいろな椅子を経験させることが望ましく、座ってみるだけでなく、触ってみたり、叩いてみたりすることが、その望ましい内容になるのである。

幼児期から、基礎日本語についてこうした経験を積み重ねることは、豊かな認識力を育成する重要な方向の一つといえよう。

（福沢周亮：一六一―一六二）

私たち読み手は、「いす」という地図を目にした場合、ご覧のように自身の経験を想起し、文脈に一番合う映像を選択します。これを私たちは平たく「想像する」と言ってきました。実際の現地で使われた「椅子」はわかりません。「いす」には様々な種類があります。ご覧のように、来賓室で見る「ソファー」もあれば、事務仕事をするときに使う「デスクチェア」もあり、ダイニングルームにある「食卓椅子」もあります。地図がより細分化した用語で説明されれば、その映像の解像度が上がるわけですが、より抽象度の高い「いす」という記号では、その受信の幅が広くなるわけです。

右記の一般意味論では、作文の場面を想定して「低年齢のうちから一つ一つの単語についての経験を豊かに与え、できるだけ詳細な地図にことばをしていく」必要が述べられていますが、読解の場面においても、一つ一つの単語についてできる限り豊かな経験をもつことで、地図に述べられている現地の解像度を上げた映像を思い浮かべていくことが重要になってくるわけです。

福沢が「単に一つの椅子を経験させるのではなく、いろいろな椅子を経験させることが望ましく、座ってみるだけでなく、触ってみたり、叩いてみたりすることが、その望ましい内容になる」と述べているように、まさにそういった経験の豊かさが、解像度を上げた映像化を導きます。来賓室の「ソファー」も「デスクチェア」にも座った経験がなく、食事をとるテーブルの椅子にしか座ったことのない子どもは、「いす」という「地図」(文字記号) からは、「食卓椅子」しか映像化することができないのですから。

福沢が述べるように、地図から現地を想像することを認識力と呼ぶならば、その認識力は、「言葉という文字記号」と「言葉が指し示すもの」の往還を図る経験を積み重ねていくことで高まっていきます。

本著では、国語科の学習において、その「言葉という文字記号」と「言葉が指し示すもの」の往還を図る方途を分類し、それぞれの方法論をまとめていきますが、次項では、その方途として特に有名な授業を取り上げてさらに具体的に説明したいと思います。

◉文献

井上尚美・福沢周亮・平栗隆之　一九七四　『一般意味論―言語と適応の理論―』　河野心理教育研究所

3 認識の仕方を学ぶ授業――文章の映像化の解像度を上げる――

1 「位置」「目線」を問うことの有効性

「（バスの）運転手は、運転しているとき、どこを見て運転しているでしょう？」

これは有田和正（一九八八：一二二）が小学校二年生の社会科単元「バスのうんてんしゅ」で提示した発問です。「バスの運転手はどんな仕事をしていますか」と問うよりも、この短い一言で、その仕事の内実が鮮明になるという優れた教師言でした。バスの運転手は、眼の前のフロントガラスの向こう側を見ていますが、より具体的に述べると、道路状況、標識、バスの停留所、その停留所に人が待っているかどうか等……を見ています。そして車内では、ハンドルといった運転席周りの機具をはじめとして、「次止まります」という合図を表したランプ、コイン投入機、両替機等を見ています。それだけでなく、車内のお客さんの混み具合、その様子等も見ています。この他にも見ているものはありますが、「どこを見て運転しているでしょう」という発問は、「なぜ、そこを見ているのか」ということまで考えることを含んでおり、それを考えることでバスの運転手さんの仕事の内容が明らかになってきます。

バスの運転手の目線を追うことで、「バスの運転手さんの仕事」が理解できるわけです。

このように、視覚に問うということは、その見えてくる世界を脳内に映像化しているということであり、それにより新たに認識されることがあります。

次に、向山洋一（一九八三：七三―八一）が小学校五年生国語科の一行詩で提示した発問を引用します。

てふてふが一匹韃靼海峡を渡って行った。　安西冬衛

話者が、このちょうを見ている位置を目玉で書き表わしなさい。

この詩の中で対比されている言葉はどれとどれでしょう。

ちょっと読んだだけでは、「蝶々が一匹海峡を渡ったから、どうだっていうんだい」といった感想しかもたないかもしれません。しかし、「韃靼海峡」を実際に地図で確認し、この二つの指示と発問の内容を映像化していくことで、見えてくることがあります。

「小さく、弱々しい蝶々が、仲間もいないなか、たった一匹で、荒々しく寒々しい韃靼海峡の海に向かって勇敢に立ち向かうように、そして対岸に辿り着くかどうかわからないなか、飛んでいった……」

そういった映像が浮かんでくることでしょう。「話者」の位置を確認し、「対比」されているものを考えることで、その脳内に描かれる映像は、ぐんぐんと解像度が上がり、鮮明になってくるわけです。

まさに、「映像の解像度が上がる」ということを実感をともなって理解することのできる発問です。

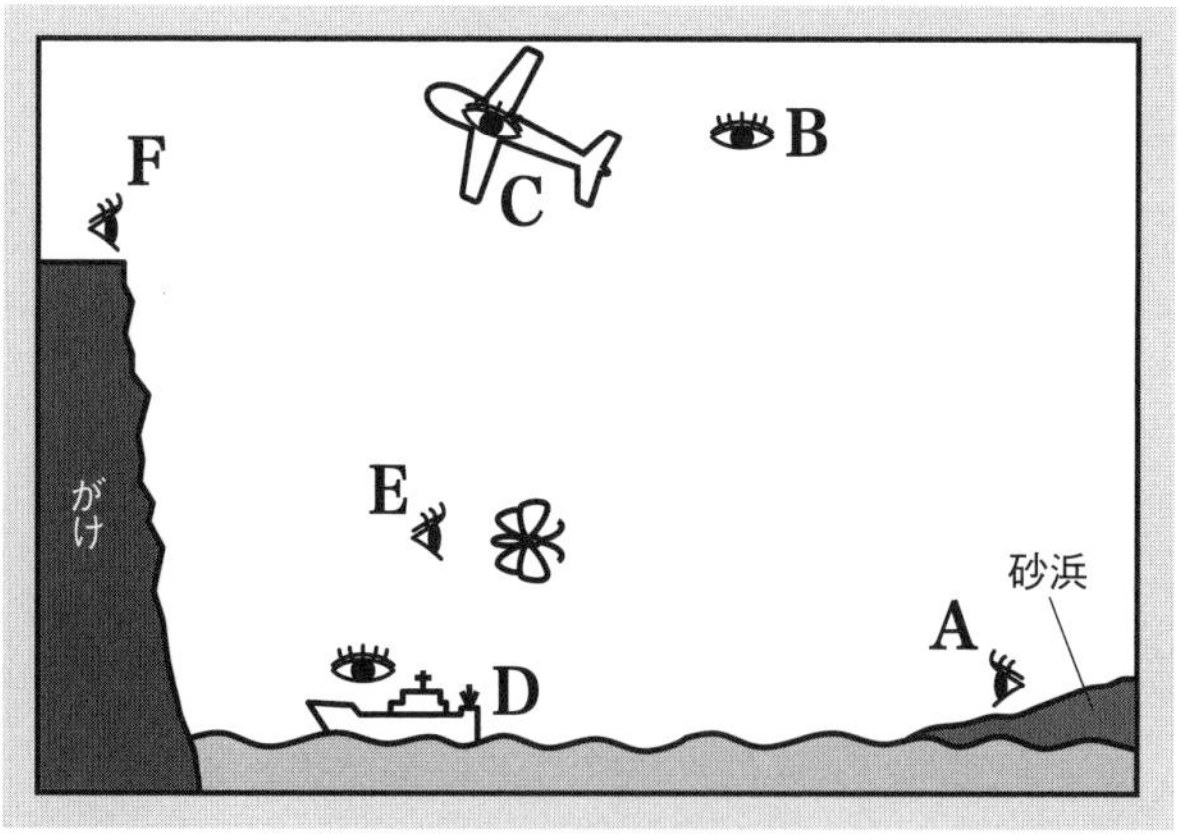

図10●ちょうを見る話者の位置

2 映像化による解釈の広がり（同じ文章を入力しても全く違う映像を思い浮かべるということ）

次の一文を読んでみてください。

例：「男は拳を握りしめ、こみ上げる気持ちを噛みしめていた」
この一文に出てくる「男」は、どんな気持ちを噛みしめていると想像しますか。

「悔しさ」「悲しみ」「哀しさ」……そういった負の感情を思い浮かべた人もいるでしょう。

「怒り」「苛立ち」「憤り」……そういった激しいエネルギーを感じた人もいることでしょう。


しかし、次のような感情を思い浮かべた人もいるはずです。

「勝利」「歓喜」「喜び」「感激」……

これは負の感情ではありません。全く正反対の気持ちを思い浮かべた人がいるのは、一体なぜなのでしょう。

それは、次頁のイラストが示すとおり、思い浮かべた映像が違うからです。

腕の位置と角度を変えただけですが、その映像から読み取れるその人物の心情は、このように正反対になってしまうのです。

意識するかしないかはともかくとして、私たちは「拳を握りしめた」過去の経験を想起し、「拳を握りしめている男」を想像します。そのとき、例えば、拳を握りしめて悔しさを噛みしめてる漫画の主人公を思い浮かべる人もいるでしょうし、サッカーのゴールシーンで、ガッツポーズをしているベンチの監督を想起する人もいるでしょう。このように、文字記号の映像化は、そこに描かれた光景や人物の心情まで、その解釈に影響を与えていきます。

私たちの経験や知識というのはとても狭くて浅く、限定的なものです。このとき、他者とその映像化された様子を交流すると、今まで見えなかった映像が浮かんできます。他者の経験と知識に基づいて発せられた意見を聞くことで、多面的なものの見方を知り自身の考えをアップデートしていくことができるわけです。

だからこそ、他者と対話を重ねると楽しいですし、他者の意見に耳を傾けることが大切なのです。

図11●拳を握りしめた男①

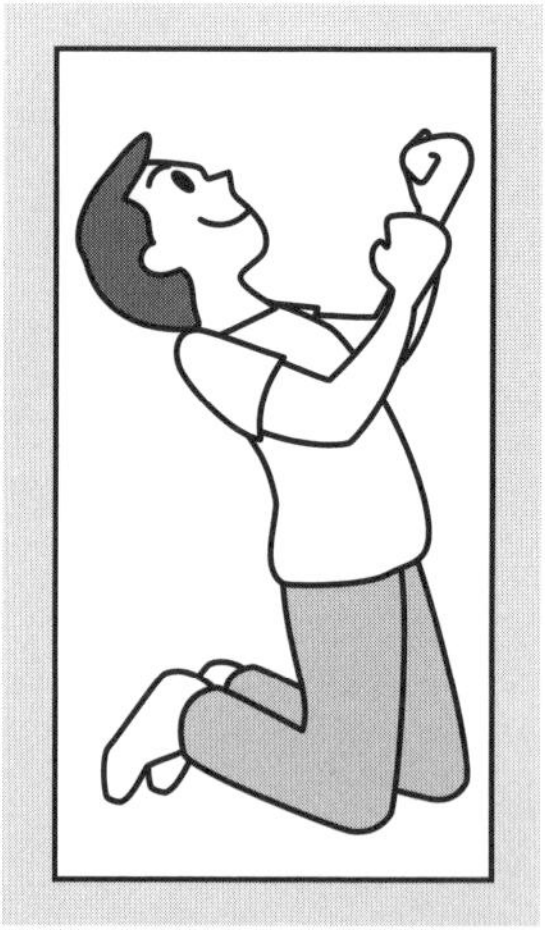

図12●拳を握りしめた男②

3 概念を理解するということ

ア 算数の授業から――例：「交換法則」という概念――

「3＋2」と「2＋3」の答えは同じという「加法の交換法則」を説明するとしたら、みなさんはどのように教えるでしょう。「気づかせるため（子どもがその概念を発見するため）」の方途ではなく、「説明の仕方」について考えてみましょう。私は算数の専門家ではありませんので最適な説明の仕方はわかりませんが、国語科教師として、黒板にマグネット付きのイラストを貼りながら次のような説明を考えます。

「はじめに三台、車がありました。二台やってきました。全部で何台になりましたか。数えてみましょう、一、二……合わせると五台になりましたね。では、はじめに二台車があって、三台やってくると……数えてみましょう……一、二……これも合わせて五台になりましたね。では、公園で三人遊んでいました。ここに二人やってくると、……五人になります。最初に二人が遊んでいて、あとから三人やってくると……同じですね、五人になります。このように足し算の場合、はじめの数字とあとの数字を入れ替えても、答えは同じになるのですね。これを『交換法則』と呼びます」

「加法の交換法則」という概念を理解するのに、「足し算をするときに、数字を入れ替えても同じ答えになるという法則です」という命題を字面だけ追って説明しても実感をともなって理解できません。このとき、具体物の操作が理解を助けます。算数という教科が、おはじきや計算棒という具体物を使って考えることから始めるのは、その具体的操作を記号に記す手順を確認しているわけです。記号化されている数式は、その具体的操作活動を抽象化した結晶であったわけです。

算数の学びは、このような具体的操作から始まり、少しずつその抽象の度合いを高くしていく教科でした。

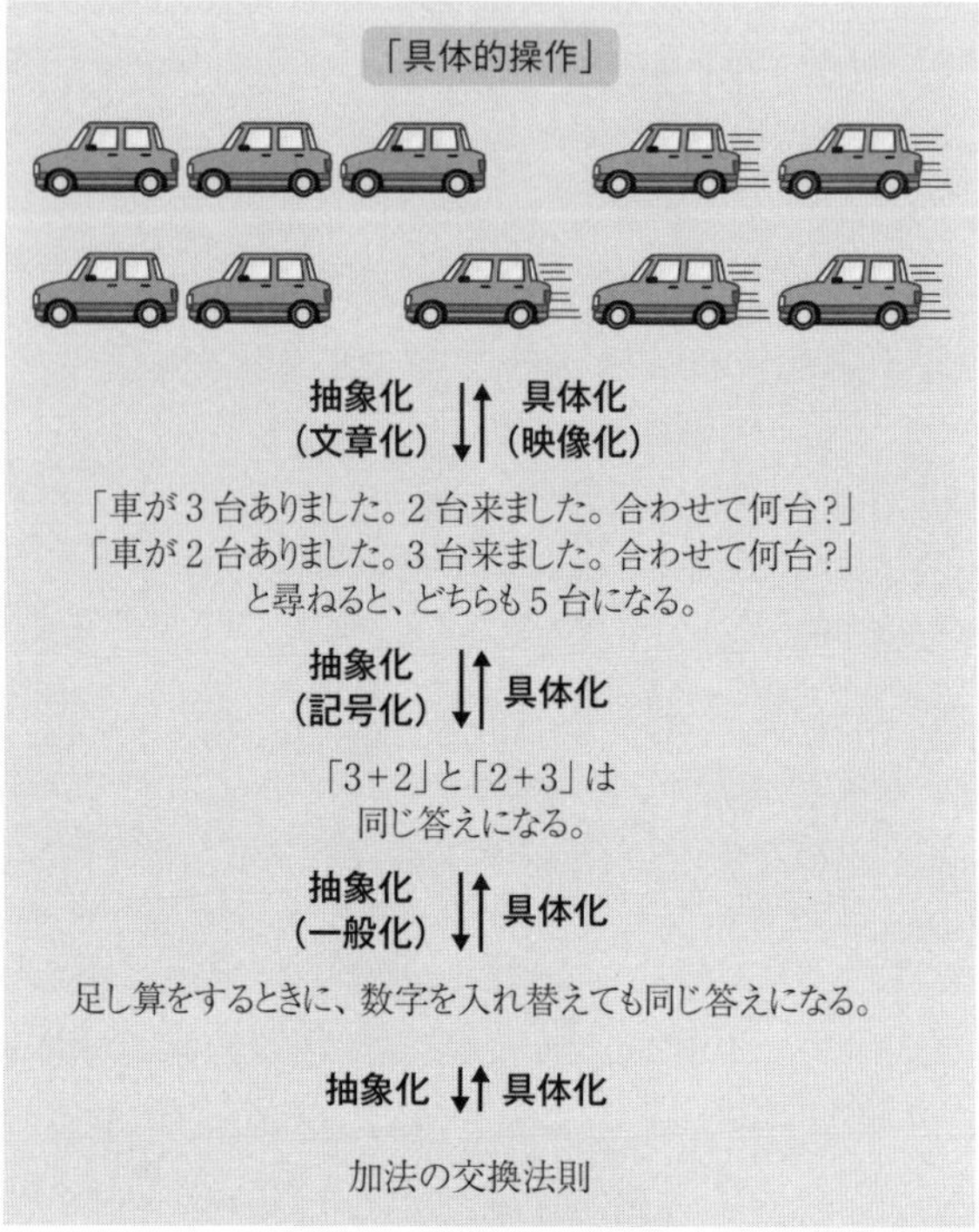

図13●概念の階層
（加法の交換法則を例に）

「加法の交換法則」を例にしましたが、このように、概念を理解するということは、例えば「3＋2＝5」であり、「2＋3＝5」であるという記号が指し示す内容を自身の経験や知識を想起しながら解像度を上げて映像化できるということです。

算数は、このように具体物と文字と記号の往還を図ることで実感をともなった理解につながります。

算数も国語も、数字という記号や文字という記号を具体物、または具体的な経験や知識と結びつけて考えていくという意味で、全く同じ性格をもった教科です。

イ　小学校一年の説明的文章から――「はたらき」という概念――

では、次に概念を文章で伝えている国語の説明文を取り上げます。

ぼうしのはたらき

よこやまりぶん[*1]　やまざきまさお　え

ぼうしには、いろいろなものがあります。

みなさんが、ふだんかぶっているぼうしは、どのようなはたらきをしているのでしょうか。

そして、どのようないろやかたちをしているのでしょうか。

上のえのぼうしは、がっこうのいきかえりのときにかぶるぼうしです。

じどうしゃやじてんしゃにのっているひとに、みなさんがあるいていることをしらせるはたらきがあります。

そのために、よく目だついろをしています。

上のえのぼうしは、きゅうしょくのよういをするときにかぶるぼうしです。

みなさんがたべるたべものに、かみのけがおちるのをふせぐはたらきがあります。

そのために、かみのけをすっぽりとおおえるかたちをしています。

上のえのぼうしは、日ざしがつよく、あついときにかぶるぼうしです。
つよい日ざしから、みなさんのあたまをまもるはたらきがあります。
そのために、おおきなつばがついています。

このように、ぼうしには、それぞれのはたらきがあります。
そして、はたらきにあわせて、いろやかたちがくふうされています。

みなさんは、どんなときに、どんなぼうしをかぶりますか。

これは、三省堂小学校国語教科書に掲載された説明的文章です。

小学校一年生の教科書ですでに、「はたらき」「くふう」という抽象度の高い概念を表す言葉が使われているのがわかります。「はたらき」とは何でしょう。どういったことを指すのでしょう。私たちでも説明するのが難しい言葉です。辞書で調べてみましょう。次のように解説されています〈見坊豪紀ほか二〇二二：一二一二〉。

①仕事をすること。「外に—に出る。ある男は—がある〈=ⓐよく働く。ⓑかなりの収入がある〉」
②活動。作用。機能。「頭の—・電気の—・薬の—」
③てがら。功績。「予想外の—」

「仕事をすること」「活動」「てがら」と説明されても、この説明文の「はたらき」の意味としてはしっくりしません。辞書の意味をそのまま文章の文脈に当てはめてもどこか違和感があります。

こういった場合は、文脈の中で考えていく必要があります。テクストでは、「ぼうしのはたらき」は「自動車や自転車に乗っている人に、みなさんが歩いていることを知らせること」であり、「食べ物に、髪の毛が落ちるのを防ぐこと」であり、「強い日差しから、みなさんの頭を守ること」であると書いてあります。つまり、このテクストで使われている「はたらき」は、「やくめ」とか「やくわり」とほぼ同義で使われている言葉だと理解できます。辞書の②「作用」「機能」が一番近い意味になるでしょうか。

このように抽象度の高い概念を表す言葉は、文脈を捉えて、指し示している具体的なものやこととの関連で理解していくものです。算数の説明と同じで、「帽子のはたらきは、帽子がどのような仕事をしているかということを指しています」といった命題で示されてもピンと来ないわけです。具体的に映像化できる経験や知識と結びつけることで、私たちはその言葉の意味を理解し、概念の解像度を上げていきます。同様に、「くふう」という抽象度の高い言葉も、写真やイラストと関連させながら具体的に何を指すのかを考えることで理解していきます。

小学校低学年の説明的文章が、写真やイラストと対になって書かれているのは、言葉の意味をその映像とともに理解していくからです。そして、徐々に私たちは写真やイラストがなくとも、それらの言葉の指し示しているものやことを自身の蓄えた経験や知識と照らし合わせて映像化する力を養っていきます。そのうえで、写真やイラストがなくとも文字記号から映像化できるようになっていくのです。

ウ　学生の小論文から――「少子高齢社会」と「予測不可能な社会」の概念とその関係性――

「序章」にて、私たちが理解しているつもりになっていて、実は全く理解していないという事例を紹介しました。「概念を理解しているつもりで理解していない」という事例を学生の書いた文章から取り上げます。

教員採用試験の前に学生から、「ちょっと小論文を練習したので添削してください」と頼まれたときの文章です。

小論文のテーマ
子どもたちが主体的に学ぶ授業づくりが求められています。あなたが、「主体的に学ぶ子ども」を育てるために、授業で心がけたり、工夫したりすることを○○字で答えなさい。

学生の小論文の冒頭
現代はＡＩの技術革新と少子高齢化にともない、予測不可能な時代となっている。この予測不可能な時代を生き抜くためには、主体的に学ぶ子どもを育成することが求められている。
以下、主体的に取り組む子どもを育てるために、私が工夫することを二点述べたい。……（引用者後略）……

読みやすい論文には定型がありますので、定型に落とし込んで書くことが身体化されていることはよいことです。

「……という……な時代である。この時代を生き抜くためには、○○が求められる。／以下、○○な子どもを育てるために、私は……工夫していく」という文型は、論理的でありとてもわかりやすいので、その定型が身体化されているのは悪いことではありません。

しかし、この定型が論理的であるがゆえに、この論文が非論理的であることが露見してしまいました。この論文を書いた学生が「知っているつもりになって論文を書いていること」が逆に明らかになってしまいました。

この学生に口頭で、「少子高齢化が進むと、どうして予測不可能な時代になるの？」と質問すると、答えられませんでした。角度を変えて、「少子高齢社会ってどういうことなの？」「その少子高齢社会が、予測不可能な時代につながる理路を具体的に説明してみて？」と尋ねると、口をつぐんでしまいました。

　現在の年代別の人口はすべて調査されていますので、一〇年後の年齢構成も二〇年後の年齢構成も予測することは可能です。現在一〇歳の子どもが一〇年後に二〇歳になり、二〇年後には三〇歳になるのですから。そう考えると、少子高齢社会がどのように変化していくのかということに関しては、全く予測できないというわけではありません。ですので、「予測不可能な時代」としての事例としてはふさわしくなかったわけです。*2

　このように抽象的な言葉は、常に具体的な事例を用いて説明できなければ本当に理解しているとは言えません。

　この学生には、「予測不可能な時代だと、どうして主体的に学ぶことが大事なのかな。具体的な事例を用いて説明してみて」とも質問しました。流石に

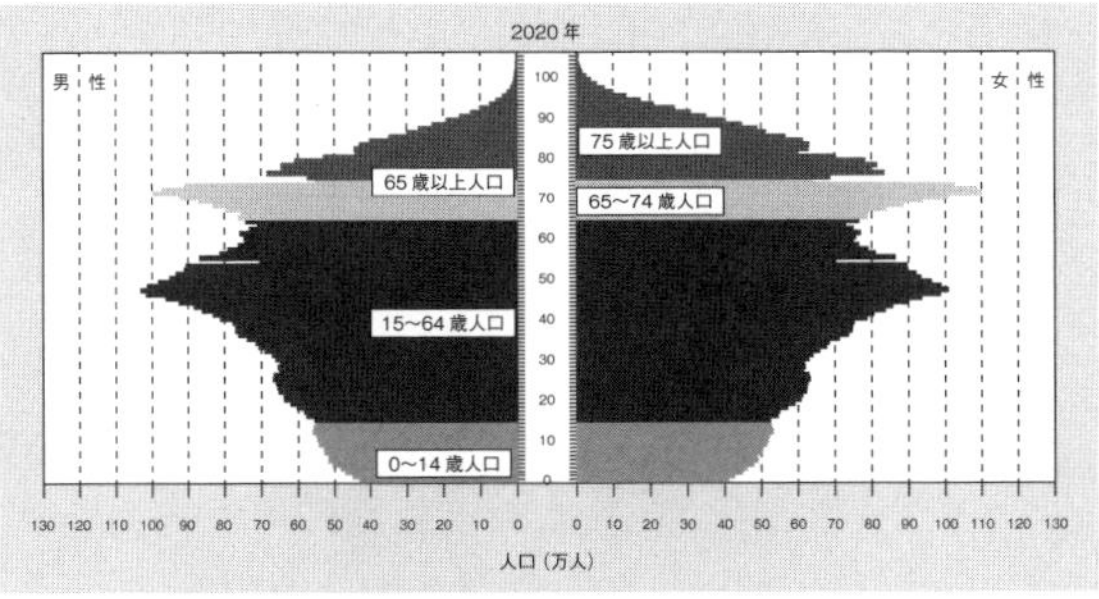

図14●2020年の日本の人口ピラミッド

「人口ピラミッド画像　2020年」（国立社会保障・人口問題研究所）（https://www.ipss.go.jp/site-ad/TopPageData/2020.png）をもとに作成

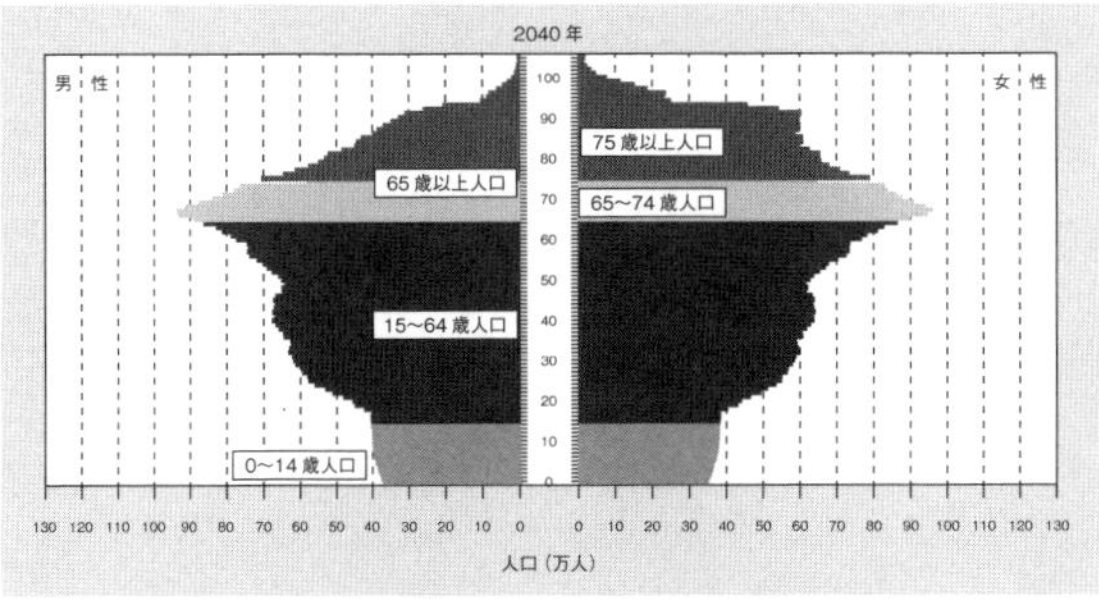

図15●2040年の日本の人口ピラミッド

「人口ピラミッド画像　2040年」（国立社会保障・人口問題研究所）（https://www.ipss.go.jp/site-ad/TopPageData/2040.png）をもとに作成

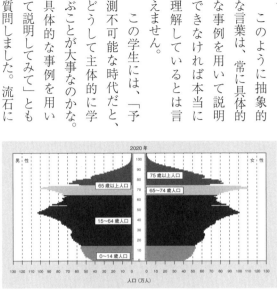

この理路については、きちんと答えることができたことを学生と本学の名誉において、ここに記しておきます。

さて、このような学生は、「○○は、△△のことです」といった字面だけを提示する抽象的な説明で済ませてしまう教師になる危険性があります。学生自身が概念の理解を具体で説明できないからです。こういった学生が教師になると、「わかったつもり」になる子どもを量産していく危険があります。

抽象的な言葉は常に、自分の身近な経験や知識と結びつけて、具体的に説明できなければならないでしょう。それも映像化できる具体に落とし込むことでより実感のともなった理解になります。

もうお気づきのことと思いますが、本著のすべての項目において、具体と抽象の関係を意識して、筆者である私は、積極的に具体的な事例を用いて説明しています。イラスト（図像）の掲載を多くしているのもそのためです。具体的事例を挙げて述べるほうが、私の主張が読み手に伝わりやすいと考えているのです。このように、発信側は、抽象的な言葉は具体に落として説明できなければ、その抽象的な言葉を相手に理解してもらえないかもしれません。

そして、受信側は、その具体を解像度を上げて映像化することで実感をともなって概念を理解することができるのです。

4 心情を推測するということ――西郷竹彦の〈内の目〉と手紙――

次に、他者の心情を推測するということを取り上げたいと思います。世の中には、他者の心情を推測して、共感的に行動できる人と、そうでない人がいます。できる限り他者の心情を解像度を上げて推察し、そのうえで他者と摩擦なく生きていきたいものでしょう。文学の授業では、登場人物の気持ちや心情を考える授業が、小学校低学年から延々と続けられています。

「解像度」という鍵概念から、心情を推測する問題を考えてみたいと思います。

文芸研の創始者西郷竹彦（一九六八：六八―七〇）が、登場人物への「同化」、「内の目」といった用語を使って「ごんぎつね」（新美南吉[*3]）での「ごん」の心情に迫っている実践がありますのでここに引用します。

（「ごんぎつね」本文音読）　ある秋のことでした。二、三日雨がふりつづいたそのあいだ、ごんは、外へも出られなくて、あなの中にしゃがんでいました。……（引用者中略）……

先生　ここのところは、読者がごんに同化できるように表現してある文章になっています。つまり、語り手の〈外の目〉がごんという人物の〈内の目〉に重なってきている。語り手がごんにのりうつっている。ごんになりきっている。じつは、この（4）からあとの文章はずっと、語り手がごんそのものになって語っているのです。……（引用者中略）……ごんという人物の身になって、その立場にたって、その眼から、世界をながめ、兵十をながめ、ごんの気持ちをともに体験する。つまり同化体験するのです。

このところを、ごんの〈内の目〉から読むとどうなりますか。

生徒　いつまでもいつまでもやまない雨だな。ちえっ、いやんなっちゃうな。

生徒　しめっぽくていやだわ。

生徒　はやく雨が上がらないかしら。

生徒　ああ、いらいらしちゃう。（わらい）

先生　というふうに「外から」ごんの「ようす」をながめて、さぞたいくつしているだろうなということを体験すると同時に、いまのように、ごんの身になってうんざりして、うずうずしている気持ちを体験することです。（波線引用者）

ごんは「はたけへ入って芋をほりちらしたり、なたねがらの、ほしてあるのへ火をつけたり」、村人を困らせることばかりしています。なぜ、放火までしてしまう人格になったのでしょうか。小学校低学年の教室には、クラスメイトにちょこまかと悪戯をすることで友だちになろうとする、そういった子どもがいることでしょう。

この場面を丁寧に読解すると、「ひとりぼっちのごん」が、誰かにかまってもらいたくて悪戯をする気持ちが理解できます。この場面にて単純に、「このときのごんはどんな気持ちですか」と問うても、波線部のように細かく心情を言語化できないでしょう。西郷は〈内の目〉という用語を使っていますが、この子どもたちの発言（引用元は生徒となっていますけれど）は、すべて実際にごんが心の中でつぶやいている言葉（心内語）を拾っています。

心内語を使って心情を言語化するのと、「〇〇な気持ち」と抽象的に言語化するのとでは、その心情の解像度に大きな差異が認められます。

この西郷が明示した方法論は、再評価されてよいのではないでしょうか。文芸研に従えば、本引用部の教師言にあるように、〈内の目〉という用語を提示して、「〈内の目〉から読むとどうなりますか」と問うことで、その心内語を言語化させるとよいでしょう。

筆者は、〈内の目〉という一般化されてない用語を使わずに心内語を言語化させる方法として、「吹き出し法」を提案します。登場人物のイラストとともに、そこに「吹き出し」を用意し、「心の言葉を書いてみよう」と指示するのです。この方法については、七三頁に詳述しますので、そちらで方法論を確認してください。

小学校低学年~中学年には、解像度を上げて心情を推し量る有効な方法となるはずです。

同様に、心の声を拾う方法としては、「登場人物になりきって、他の登場人物に手紙を書く」という方法があります。これについても七六頁で説明します。

◉注

＊1　三省堂　平成二七年度版小学校教科書『しょうがくせいのこくご　一下』を出典としています。

＊2　「少子高齢化が進み、これまでにない人口ピラミッドとなることで、どんな社会になっていくのかが予測不可能である」という文脈でこの事例を用いたのだと思いますが、人口ピラミッドが予測可能なわけですから、それに備えたり、対処したりできることはあるわけです。

＊3　引用にあたって、光村図書　令和二年度版小学校教科書『国語　四下　はばたき』を参照しています。

◉文献

有田和正　一九八八『社会科「バスの運転手」―有田和正の授業（写真で授業を読む）』明治図書
見坊豪紀・市川孝・飛田良文・山﨑誠・飯間浩明・塩田雄大編　二〇二二『三省堂国語辞典　第八版』三省堂
西郷竹彦　一九六八『教師のための文芸学入門』明治図書
向山洋一　一九八三『授業の腕をみがく』明治図書

4 認識の仕方を学ぶ方法論――読みの解像度を上げる方法論――

国語の授業をする目的は何でしょう。国語の授業は子どもたちのどんな力を高めるために行われるのでしょう。学習指導要領を引用して説明するのが基本です。しかし、それ以外にも様々な説明が可能です。本著は、「国語の読みの授業は、言葉という文字記号に接した際、再現性高く解像度を上げてそれを認識できる力を高めるために行われる営みである」という授業観に立ち、その力を高めることに焦点化した方法論を提示します。

前節では、現地（事実）と地図（言葉という記号）の関係について確認しました。語り手が現地を記号化したり、登場人物の心情を言語化したりしたテクストを読むとき、読み手の抱く表象は、現地に近く再現されている場合もあれば、現地とかけ離れていることもありました。可能な限り現地を再現する解像度の高い表象を思い浮かべることができ、しかも、それを明瞭に言語化できるとよいわけです。しかしながら、この記号の受信に不具合が生じると、先の男性の痔疾の新聞投書に対する学生の反応のような問題が生じます。

本節では、不具合を生じないように文字記号を受信する力を育成する方法を整理していきます。その方法論をいくつか提示していきますが、ここに示すのはあくまで一例に過ぎないことを予めお伝えしておきます。

筆者は、ここに示す方法を繰り返して授業していくことで、その力が鍛えられていくと考えています。

国語科という教科は、記号と現地を結ぶ認識の仕方を学んでいる教科であるという授業観です。

方法⓪：教師の範読（朗読）

テクストと子どもとの出合いは、黙読または個人音読で出合わせるのが基本でしょう。実生活に一番近い形での出合いが望まれます。しかしながら、初読に黙読または個人音読を採用することで、初読の読み取りに格差が生まれます。その格差を最小化する場合、教師がテクストを範読することでしょう。

みなさんは、次のような感覚を抱いたことはありませんでしょうか。教師がまさにその物語世界に入り込んでいるように臨場感をもって朗読したことで、聞き手も読み手と一緒になってその物語世界に没入したと感じる……そういった感覚です。教師が範読している際に子どもたちが涙を浮かべているときなどは、錯覚かもしれませんが、教師の脳裏に映像化されている物語世界が、子どもの脳内に投射されたのではないか、と感じることもあるのではないでしょうか。非科学的だと嘲笑される読者の方もいらっしゃるでしょうが、その一方、教師が物語世界をリアルに映像化して文字を追い、登場人物に同化して発声する場合と、機械的かつ淡泊に発声する場合では、子どもの作品の理解度に差異が生まれると感じる方はいらっしゃることでしょう。

教科書の補助ＡＶ資料にはプロの役者の朗読があります。プロの役者の朗読では、聞き手の私たちも自分が主人公の気分になったり、登場人物が目の前にいるような気分になったりします。若い教師は、プロの役者の朗読をそっくりに真似て朗読する練習をするとよいと思います。

ただし、情感を込めて範読したり、プロの役者の朗読を聞かせたりすることで、ともするとその読み手の解釈を子どもに押しつけてしまうことになります。したがって、その問題点も理解したうえで、目的に応じて淡々と読むことがよい場合もあります。ここでは、あくまでも、解像度を上げて作品世界を表象することと、教師の範読には関係があるのではないかという、一つの仮説を述べました。

方法①：音読の方法を考える課題

小学校低学年では、「どんなふうに読もうか」という音読の仕方を考えることが「授業のねらい」となったり、学習課題になったりします。音読の仕方を考える学習活動は、作品の解像度を高めます。教材「お手紙」(A・ローベル)[*1]では、例えば、がまくんの「ばからしいこと、いうなよ。」の台詞を取り上げ、どのように読むかを考える学習課題があります。「だれも、お手紙くれなかったんだぜ。」という理由から、寂しそうにつぶやくように読むという子どももいるでしょうし、何回も同じようなことを尋ねてくるかえるくんにイラッとして、怒ったように読むという子どももいるでしょう。こういう場合は、実際に、寂しそうに読んだり、怒ったように読んだり試行するとよいものです。

子どもたちに「どんなふうに工夫しようか」と尋ねると、「大きく読む、小さく読む、ささやくように読む、みんなに聞こえるように読む」といったように、声の大小や強弱の工夫を述べることがあります。小学校では、音読の工夫を声の大きさ、強弱で終える傾向がありますが、音読は、声の強弱や大小より、声の高低や声の速度の変更でより差異化が図られます。「この部分を高い声（低い声）で読んでみようか」「この一文をゆうっくりと（速く）読んでみようか」というように、声の高低と速度を変更する体験をしておくと、読みの世界がどんなふうに変わるのか実感をともなって子どもは理解します。

音読の工夫を考える授業で時々、意見を言わせたところで終える教室がありますが、何回も何回もいろいろな読みで試行させ、実際に声に出して自分の耳で確認することで、一番よい読みが選択できます。言の葉を舌頭にのせて千転させることで、そのときの登場人物の心情が想像しやすくなったり、情景描写が鮮明になったりするからです。

方法②：視覚教材や聴覚教材の提示

光村図書三年教科書の説明的文章に、「こまを楽しむ」（安藤正樹[*2]）という教材があります。いわゆる日本の伝統的文化をモチーフとした教材であり、この教材では様々な「こま」が紹介されています。

例えば、「たたきごま」「鳴りごま」「ずぐり」という「こま」が紹介されていますが、みなさんは、それぞれのこまをどれくらい知っていますか。そして、そのこまを説明できますか。みなさんが実際に子どもの頃に親しんでそのこまで遊んだことがあれば、その経験を基に説明できるでしょうが、遊んだどころか見たこともないとなると、説明は難しいことでしょう。では、その説明文の一節をここに引用します。

「たたきごまは、たたいて回しつづけることを楽しむこまです。このこまのどうは、細長い形をしています。手やひもを使って回した後、どうの下のぶぶんをむちでたたいて、かいてんをくわえます。止まらないように、上手にたたいて力をつたえることで、長く回して楽しみます。」

いかがでしょうか。この説明で理解できましたか。動画サイトで、そのこまを回している情景を見たことがあれば、解像度の高い映像が思い浮かぶでしょう。その経験がない場合は、それに似た経験を想起して書かれているこまを映像化することになります。しかし、その映像化されるこまは事実としてのこまと正確に一致するとは限りません。

やはり映像が手元にあるのであれば、それを見せるべきです。というのも、そのこまの映像を頭に思い浮かべながらテクストの説明文を音読することで、映像と言葉の関係を理解していくからです。

図16●たたきごま

算数という教科で計算棒やおはじきを使い、それと数字という文字記号を一致させることに慣れていくように、国語という教科においては、文字記号と「もの」を往還する活動を繰り返すことは大切です。その繰り返しの中で、ものを言葉に置き換える術を理解していき、言葉からものを読み取ることも理解していくわけです。

古典の理解が難しいのは、古典文法の言い回しに慣れていないこともありますが、古語という言葉の指し示す内容がわからないからです。ですので、その古語と、その古語の指し示す内容を確認することは、その学びの必然であるわけです。最近は教室にあるタブレットで即、実物の映像にアクセスできますので、教師は積極的に映像を提示すべきでしょう。それとともに、いずれ子どもたちが手元にあるタブレットでいつでも自主的に調べるという習慣をつけさせたいものです。

方法③：図示化（イラスト化・絵化）

テクストに書かれた世界を図示化する活動は多くの教室で実施されています。「○○の紙芝居を作ろう」「故事成語を四コマ漫画にしよう」といった図示化の活動もありますが、これらの活動は、解像度を上げる目的で行う学習活動とは少し異なります。これらの言語活動の目的は、物語の全体像を捉えたり、作品構成を考えたりすることにあるでしょう。

解像度を上げる図示化というのは、次のような活動になります。

すでに他著で紹介しているものですが、再掲します。

雀らも海かけて飛べ吹流し　石田波郷（一九七〇）

この俳句の情景を描いた絵としては、どれが一番ふさわしいでしょう。

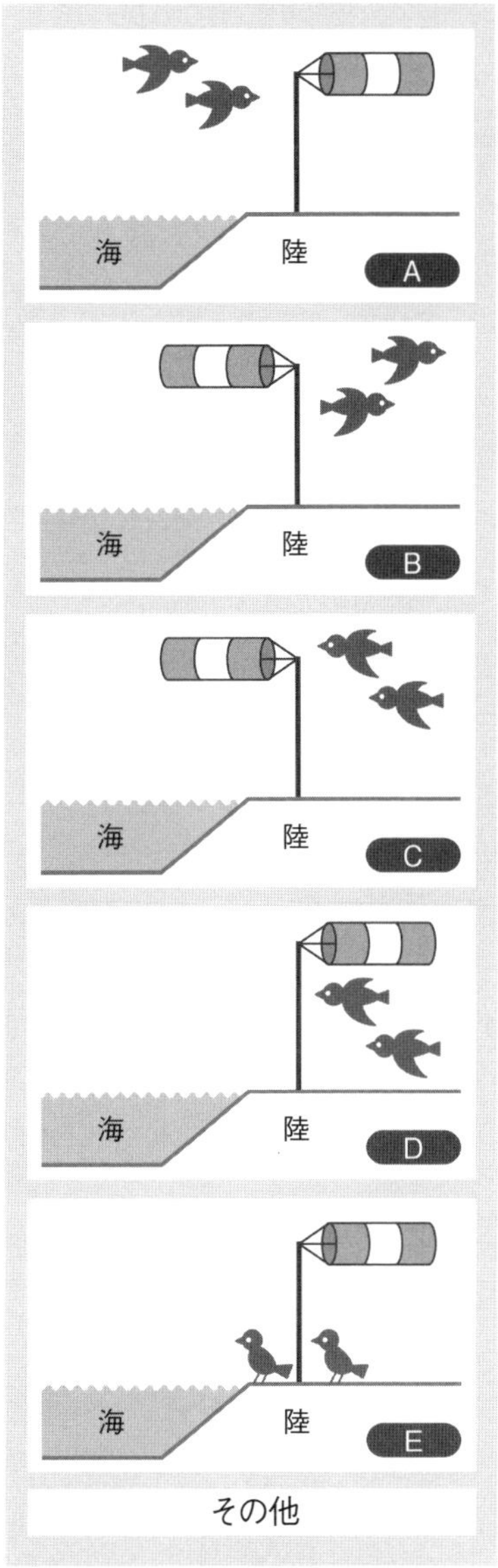

図17●雀の吹流しの向き

拙著『思考力を高める授業』（二〇一三：二七—四二）で詳説していますので、ここでは簡略に説明します。まず、この俳句の描かれている時間帯ですが、鳥の姿をホオジロでもムクドリでもなく「雀」と認識しているのですから、夜ではなく昼の光景を詠んでいると考えられます。昼の海岸は通常海風が吹きます。ですので風は海から陸に向けて吹いています。とすると、「吹流し」は、尾びれのほうが風下の陸、顔のほうが風上の海となるようになびいていることでしょう。この顔の方角を考えると「雀らも」と呼びかけていますので、「雀」も「海」の方向に顔を向けていると考えられます。また、「海かけて飛べ」というのは「海をめがけて」とも言い換えられそうですし、すでに海から陸に向けて飛んできたとしたならば、「飛べ」ではなく「飛んできた」といった表現になりそうです。

さて、この「吹流し」ですが、通常は風速を知らせるために海岸線などに設置されていることが多いですが、別の意味もあります。最近見ることが少なくなりましたが、「鯉のぼり」です。

とすると、この俳句に託された別の意味が見えてきませんでしょうか。

「鯉のぼり」ですから、「五月五日端午の節句」の頃合いの光景が描かれています。すべてメタファーとして解釈してみましょう。「雀」は同じ小さくか弱いものということで、「子どもたちよ、飛んでいけ（はばたいていけ）」と呼びかけているように読めます。とすると、「海」や「風」や「鯉のぼり」にも別の意味が隠れていそうです。「海かけて」からは「未来に向けて」「希望に向けて」「大志をめがけて」「社会に向かって」というメタファーが読み取れますし、「風向き」はちょうど逆風ですので、「人生の障害」や「困難」といったものを表しているようです。

つまり、この俳句から、「子どもたちよ、困難や障害に負けず、自分の抱いた夢に向かってはばたいていけ」というメッセージが読み取れるわけです。とすると、「鯉のぼり」である「吹流し」は、自分自身は地に足がついて動けない存在ですので、その子どもを見守る「大人」や「親」を指していると読み取れます。

ただ、この「海」を太平洋の海原と想定すると、「海に向かって飛んでいけって、ちょっとそれは残酷に過ぎるのではないかい」と思われることでしょう。しかし、石田波郷は四国松山の俳人です。ちょっと山を越えれば、そこはたくさんの島々が浮かぶ瀬戸内海です。瀬戸内海であれば、海を越えて向こうの陸地に向けて飛んでいくことは十分可能なわけです。

この俳句は、石田波郷の長男修大が生まれたその年に発表された句集『風切』の補遺となっていた俳句です。これらのことを考え合わせ、俳句の世界を図示化し、そのメタファーを考えることで、このような解釈を導き出すことが可能になります。この俳句の図示化の授業は、年度はじめの学級懇談会のある保護者参観で行うとよい学習活動です。このような解釈が見えてくると、親御さんからは「そうなのよ、私たち親は、あなたたち（子どもたち）が困難に負けず夢に向かって頑張るのを応援しているのよ」といった、ちょっとした共感を得られ、それを教師と参観した保護者たちで共有できるのです。

描かれている情景を図示すると、このように作品の解釈が広がっていきます。

自由に「図示しましょう、イラストにしましょう、絵にしましょう」といった課題を提示してもよいですが、テクストから離れた図や絵が登場すると評価に困ります。自由に描かせたのにダメ出しされたのでは子どもの学習意欲も減退します。様々な解釈が認められる作品では「自由に絵にしてみましょう」という課題はよいですが、作品の解像度を上げる場面では、その絵図の収束を図ることになりますので、最初から教師が選択肢を与えて提示したほうがよさそうです。

もう一つ、次は短歌を例にします。

白鳥は哀しからずや空の青海のあをにも染まずただよふ　若山牧水*3

どの構図が、この短歌の光景として一番ふさわしいでしょう。

図18●白鳥と話者の位置

これはオープン・クエスチョンであり、どれかに収束できるわけではありません。この課題では、次のような意見が交わされます。

「砂浜を背景として鳥が飛ぶと、白い砂浜に白い鳥が保護色になっちゃう。『染まず』ではなく染まってしまう感じがする」

「磯だと鳥は波間の岩に止まりそう」

「港だと、船上げされた魚をねらった鳥がたくさんいそう。飛んでる鳥もいるけど、船の舳先とか防波堤に止まっている鳥がたくさんいそう」

「船尾をついてくる鳥は、漂っているとは言わないだろう」

「砂浜や磯といったところだと、平面すぎて、海を背景にして飛ぶ鳥は見ることができないんじゃないかな。空を背景にして飛ぶ鳥しか見ることができないってことだけど」

「崖だと海も空もどちらを背景にしても飛べるし、上下に鳥が動くので、漂っている感じが強くなる」

この短歌については佐々木幸綱（一九八二：七四―七五）が次のように解説しています。

「『白鳥』は、青の世界の中で白い自分を主張している、というよりも、青く染まれない自分を悲しんでいるように感じられませんか。周りの人たちとどこかちがっている自分、周りにとけてゆけない自分、そんな自分を悲しんでいる気持ちがここにはあるように私には思えます。／明治四〇年と言えば、日露戦争が終わって二年目の年です。当時、日本は軍事力、経済力の充実をはかって、世界の国ぐにの中で日本の地位を一挙に高めようと必死になっていた時代です。国の発展に役に立つ人、役に立つ産業がとくに重要視されている時代でした。若山牧水という人は、そういう時代に合わなかった人だった。一生のうちで、就職したのはわずか数ヵ月、あとは本を書き、色紙などを書いて家族を養っていった人でした。会社といった組織とか、国という機構とかがきらいな人だったのです。……（引用者中略）……この世に対してちぐはぐな感じ、しっくりゆかない感じを持って生きていたんですね。それが白くぬり残された白鳥だった。……（引用者後略）」

そういった社会からの疎外感にふさわしい映像はどれなのでしょう。一羽の白い鳥が、海にも空にも、染まらずに、どこかに止まって羽を休めることもなく、漂っている光景です。作品世界の解像度を上げるうえで、図示化して考えるのは有効であることが伝わると思います（なお、本件については八〇―八一頁で補足します）。

ところで、読みの理解を助けるための図示化は、なにも語り手や登場人物の位置関係だけにとどまりません。例えば部屋の間取りなどを考えることも含まれます。「ごんぎつね」（新美南吉）における、「納屋」や「土間」がどういった位置関係にあるのか、その間取りを示すといった学習がそれです。昔の家の造りは令和の子どもには馴染みが薄いので、「たぬきの糸車」（岸なみ）や、「モチモチの木」（斎藤隆介）といった作品の家の造りなども予め図示化できていると作品世界がよりクリアになります。

また、部屋の間取りだけでなく、三省堂中学校教科書の教材「セミロングホームルーム」（戸森しるこ）[*4]での登場人物たちの教室での座席の位置（座席表）を確認すると、面白い人間関係が見えてきます。[*5]

これに似た図示化には次のような学習活動もあります。いずれも作品世界の解像度を上げることになるでしょう。

○　作品世界を「地図」にする。（例：「トロッコ」（芥川龍之介））

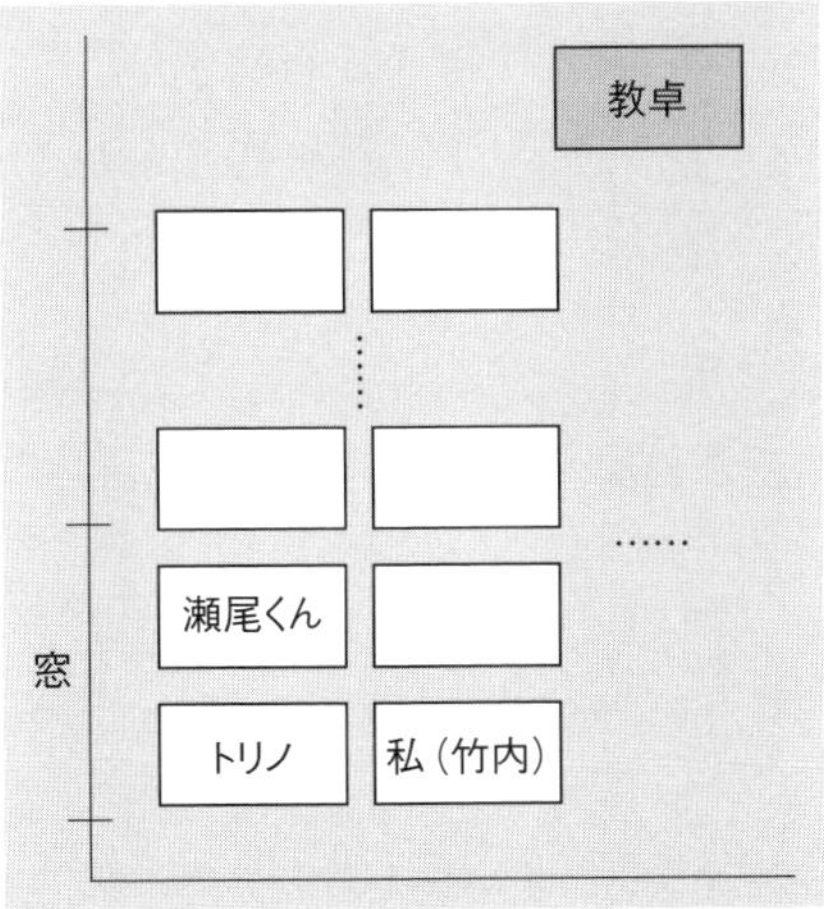

図19●「セミロングホームルーム」での座席

○　年表にする。時程を整理する。（例：「握手」（井上ひさし））
○　人物相関図を描く。（例：「おおきなかぶ」……捕食者の猫が被食者のネズミを呼びに行っています）
○　登場人物の心情曲線を描く。（様々な教材で行われています）

さて、これらの図式化、視覚化に対して留意すべきことを心情曲線を例に述べたいと思います。

登場人物の心情曲線を描くという学習活動は、様々な教材で行われていますが、時々、次のような授業に出合うことがあります。

心情曲線を描くこと、それ自体が目的化してしまっている授業です。心情曲線を描くという学習活動はあくまでも登場人物の心情をより深く理解するための手段であるはずです。そして、登場人物の心情をより深く考えることで、作品の魅力をより豊かに言語化しようとして、この手法を用いているはずです。

しかしながら、心情曲線を描くこと、それ自体を目的としている子どもがいます。また、心情曲線のグラフの打点について「上から二つ目に打つべきだ」、「いや、二つ目と三つ目の間がいい」といった、不毛に見える討論をしている授業もあります。プロットの位置を検討する授業はあってよいのですが、このときに大切なのは、テクストのどういった言葉や表現を根拠としたか、にあります。また、その根拠にどういった理由をつけたか、にあります。テクストのどの根拠に対して、どんな理由をつけたかを交流することで、読みが深まっていくのです。テクストの根拠も引用せず打点の位置を検討し合った場合、なんとも消化不良の話合いに陥ります。

加えて、心情曲線を扱う場合、「縦軸の指標は何か」ということが問題となります。「ポジティブかネガティブか」といった指標をあてがうことが多いようですが、じっくり考えてみると何を「軸の指標」にするかというのは意外と難しい問題だとわかるでしょう。

繰り返しになりますが、目的を定めて、これらの手段を選択するということが重要です。

方法④：動作化・劇化

動作化には二つの目的があります。一つは本著のテーマにある、テクストの解像度を上げるためにテクストを正確に動作化する授業であり、もう一つは正確さは求めず作品世界を自由に創造していく動作化です。[*6]

例えば、東京書籍小学校二年生国語の教科書に「かさこじぞう」（岩崎京子）[*7]という教材がありますが、この作品では、笠が売れなかったじいさまが、「とんぼりとんぼり」歩いて帰路につこうとしている場面があります。本多礼論（二〇一九：一三）は、この「とんぼりとんぼり」歩く事例を基に、動作化の効果について説明しています。例えば、すたすた歩くのと、とんぼりとんぼり歩くそれらの差異は、動作化することによって確認できます。テクストの文字記号の視覚情報だけで考えるよりも、実際にその動作を真似することで、そのような歩き方をしてしまうじいさまの気持ちを身体を通して理解し、追体験しやすくなるわけです。

じいさまは、笠が売れなかったこと、町の人たちが買ってくれなかったことも残念に思っていますが、それよりも、売ったお金で大晦日を過ごすご馳走を買って帰ってくることを待っているばあさまのことを思っているのかもしれません。「ばあさまをがっかりさせたくないな、申し訳ないな」という気持ちです。単に「売れなくて残念」という気

図20●とんぼりとんぼり歩くじいさま

持ちと、「笠を売ったお金で買ったお餅をばあさまと一緒に食べることができないという残念さ」は違うでしょう。実際に「とんぼりとんぼり」歩く動作をすることで、その気持ちの解像度が上がるはずです。この心情の解釈の違いも、本著で述べている「テクストの解像度を上げる読み」になります。

同じように、「ごんぎつね」（新美南吉[*8]）にも、ごんが「兵十のかげぼうしをふみふみ」歩く場面がありますが、ここも是非とも動作化させたいところです。兵十の五メートル後ろを歩くのと、影法師を踏めるすぐ後ろを歩くのでは、物理的な距離だけでなく心の距離が違います。普通に歩くのと、影法師を踏んで歩くのと、影法師をふみふみ歩くのでは、ごんの兵十への心の寄り添い具合が違います（鶴田清司一九九三：七九—八三）。

動作化することで、ひとりぼっちのごんがひとりぼっちになった兵十に対して、「つぐない」という意味を越えて心を近づけているということが見えてくることでしょう。

このようにテクストの登場人物の行為を学習者が動作化することで、人物の心情の解像度が上がるのです。

小学校低学年に有効な手法だと捉えられがちですが、動作化は、小学校低学年でなくても解像度を上げる読みの行為になります。

中学校一年生教材「少年の日の思い出」（H・ヘッセ[*9]）であれば、「チョウを一つ一つ取り出し、指でこなごなに押し潰してしまった。」という行為を動作化させたいとこ

図21●影法師をふみふみ歩くごん

ろです。なかなか心痛く、少し怖い行為であることが見えてくることでしょう。箱ごと捨てるのでもなく、箱ごと焼くのでもありません。ピンセットで留めてあったチョウを一つ一つ外してその羽のところを指で押し潰すのです。なんと残酷な行為でしょう。指で押し潰すのは羽の部分だけでしょうか、腹部、触角、そしてその眼も押し潰しているのでしょうか。そのときの「僕」は、そのチョウをいつ、どこで、どういった状況で捕まえたのかを思い出しているような気がしてきます。そのときの太陽の陰り具合、風の向き、鳥の鳴き声、樹液の匂い……そのチョウにまつわる個々の出会いを一つ一つ思い出し、そのすべてを押し潰しているのでしょう。このように映像化すると、「僕」の心がせつなく、痛いほど伝わってきます。

　このときの「僕」の胸が張り裂けるような思いは、まさに「チョウを一つ一つ取り出し、指でこなごなに押し潰」すという行為を動作化することで実感することができるのです。

　ところで、動作化という〈なる〉活動には、作品世界を自由に創造していくという効果をもたらします。特に小学校低学年の子どもは物語の世界にすんでいます[*10]ので、動作化させると子どもたちはテクストを離れてどんどん勝手な動作をし始めます。テクストにない台詞を言ったり、叙述にない行為をしたりします。これは読者論に立つ参加者型スタンスの読みとして、とても楽しい学習活動となります。テクストを離れて物語が動き出すからです。登場人物が好き好きに動き出す新たな世界が生まれるからです。

　本項で述べている動作化は、物語の創造を目的とせず、

図22●チョウを捕まえる「僕」

あくまでテクスト情報を正確に解像度を上げて読むための動作化ですが、目的を明確にすることで、どちらの動作化もとても有効な学習方法になるでしょう。

方法⑤：五感の活用

ここまで、文字記号を鮮明に受信することを「解像度を上げて映像化する」というように「解像度」「映像化」という用語で説明してきました。「映像化」というと、視覚情報と聴覚情報が決定的な理解に導くようですが、実際は嗅覚や触覚、味覚も使ったほうがその解像度は上がります。

しかしながら、国語の読みの授業で、嗅覚や触覚、味覚を積極的に活用して作品を解釈しているかというと、そういった状況はあまり見られないようです。手塚健斗（二〇二三）が、俳句の鑑賞において、読み手がどれくらい五感を活用して俳句を鑑賞しているかという大学生調査を二回に渡って行っています。一回目の調査では、それぞれ実物を目の前にした場合と、写真を見た場合を用意し、感覚器官をどれくらい活用して鑑賞するかを学生四十数名を対象に調査しました。扱った俳句は次の俳句です。

A　恋人を待たせて拾ふ木の実かな　作：黛まどか（一九九六）
B　熱下りて蜜柑むく子の機嫌よく　作：杉田久女（一九七三）

すると、実物を手にした場合でも、写真を目にした場合でも、半数以上の学生が五つの感覚器官のうちの一つも活用せずに鑑賞文を書いていました。[*11] また、三つ以上の感覚器官を使った学生は各一名に過ぎませんでした。実際に、松ぼっくりといった木の実を手にしたり、蜜柑の匂いを嗅いだりしても、それを鑑賞に活かそうとはしないという実態が浮き彫りになったのです。「木の実」であればその形状に関する視覚情報や、手に載せたときの重さや肌触りという触覚情報、拾うところで聞こえる風や虫の音、落ち葉を踏む音などに関する聴覚情報を盛り込むと鑑賞文は豊かになります。拾った実はイガ栗なのか、すべすべしたどんぐりなのかで、そのときの作者の心情の想像も変わります。同様に、「蜜柑」であれば、その色合いという視覚情報、香りという嗅覚情報、味という味覚情報も、子どもの機嫌のよさと結びつきます。五感を使って鑑賞したほうが、その鑑賞の言語化は豊かになるはずです。にもかかわらず、そういった読みの方略を学生たちは駆使していませんでした。二回目は調査人数を九〇名に増やし今度は実物や写真を提示せずに鑑賞してもらいましたが、この場合は、五感を使ったのは八名にとどまり、八二名は五感を活用していませんでした。

ところで、作品「盆土産」（三浦哲郎）[*12]には、出稼ぎに行っていた父親がえびフライを買って帰省し、自ら油で揚げて子どもたちに食べさせる場面があります。この場面は次のように描写されています。「フライは父親が自分で揚げた。煮えた油の中でパン粉の焦げるいい匂いが、家の中に籠もった。」筆者は、過去に「この作品内には味わいのある描写がたくさん散りばめられています。この描写はいいな、と思った場面を抜き出し、そのよさを説明しましょう」という課題で、生徒たちに発表させたことがあります。そのとき、この「いい匂いが、家の中に籠もった」描写を取り上げた生徒がいました。彼女は、「久しぶりに故郷に帰った父親が家族のためにえびフライを揚げてくれたことで、一家団欒の幸福感が、外に漏れることなく、部屋の中にいっぱいになったようです」と発言しました。揚げたてのコロッケや天麩羅は格別な匂いがするものでしょう。「家の中に籠もった」という表現は幸福感ＭＡＸに感じます。ちなみにこの描写を取り上げて発言した生徒は、母子家庭で育ったお子さんであり、彼女の境遇と登場人物の境遇が重なり、授業者の筆者は、なんともせつない温かさを感じたものでした。

これは、まさに嗅覚を使ってこの場面の解像度を鮮明にした事例です。

優れた作品には、優れた描写があり、それは五感を使うことで味わいが深まります。主立った教科書作品にて五感で味わいが深まる描写をいくつかピックアップしてみましょう。

「ちいちゃんのかげおくり」（あまんきみこ[*13]）

○ 風があつくなってきました。ほのおのうずが追いかけてきます。（触覚（高熱の肌感覚））

○ たくさんの人に追いぬかれたり、ぶつかったり――、ちいちゃんは、お母さんとはぐれました。（触覚）

「白いぼうし」（あまんきみこ[*14]）

○ 車の中には、まだかすかに、夏みかんのにおいがのこっています。（嗅覚）

「トロッコ」（芥川龍之介[*15]）

○ トロッコは三人が乗り移ると同時に、みかん畑の匂いをあおりながら、ひた滑りに線路を走りだした。（嗅覚と触覚）

○ 「押すよりも乗るほうがずっといい。」――良平は羽織に風をはらませながら、あたりまえのことを考えた。（触覚）

○ 包み菓子の一つを口へ入れた。菓子には新聞紙にあったらしい、石油の匂いがしみついていた。（味覚と嗅覚）

「小さな手袋」（内海隆一郎[*16]）

○ 帰宅したシホの髪の毛から、雑木林の枯れ葉の甘い匂いが漂っていた。（嗅覚）

「握手」（井上ひさし[*17]）

○ ルロイ修道士の手をとって、しっかりと握った。それでも足りずに腕を上下に激しく振った。（触覚）

方法⑥：学習課題

ア：「対比」「仮定」

ぼやけていた映像を鮮明にするのに有効な方法はまだあります。先述した向山洋一の「春」実践での「対比」を他作品に転用してみましょう。

観覧車回れよ回れ想ひ出は君には一日我には一生　栗木京子[*18]

そのまま想像してもよいのですが、「どうしてジェットコースターでなく、観覧車にしたんだろう」という問いを立ててみましょう。福島大学附属中学校で松山秀和が授業したときには、筆者の目の前のグループの生徒たちが、次のような対話をしていました。授業参観時のメモからその話合いを再現してみます。

「観覧車ってさ、密室だよね、二人の距離、近くね？」「近い、近い」「二人だけの世界だね」「ジェットコースターだと、気持ちは相手に向かないよね」「（観覧車だと）遮断されててさ、余計なもの、見えないしね」「景色なんか見てないよ、きっと」「やばくない？」「おっきい観覧車だったら、時間もあるじゃん」「でも、（彼女は）短く感じたんだよ」「部屋の中だから、あったかいよね」「ぽかぽか」「上って、下りて……元の場所に戻ってって……なんか、せつないね」「彼にはなんてことない時間だったのかな」「相手の態度から、そう感じたんだよね」「それ、キッ――」「うん……」

ジェットコースターと対比することで、生徒たちはその解像度を上げたわけです。

短歌や俳句、詩といった韻文は、特に選語に注意を払う芸術ですから、韻文で採用された語は採用されなかった語とどう違うのか、それを検討することで作品の解像度は鮮明になります。詩「初恋」（島崎藤村）での「林檎」が「蜜柑」や「梨」だったらどうでしょう。「薄紅」が「真っ赤」だったらどうでしょう。これについては、実践編の詩「ジーンズ」の実践でその効果を詳しく説明します。

このような「対比」や「仮定」が有効にはたらく事例を挙げてみましょう。

「注文の多い料理店」（宮沢賢治[*19]）

○「いっぺん紙くずのようになった二人の顔だけは、東京に帰っても、お湯に入っても、もう元のとおりになおりませんでした。」とあるけど、この紳士の顔が、東京に帰って元に戻っていたら、どうだろう？

「カレーライス」（重松清[*20]）

○「ぼくたちの特製カレーは、ぴりっとからくて、でも、ほんのりあまかった。」とあるけど、「ちょっとからくて、」だったら？「ひどくからくて、」だったら？「とてもあまかった。」だったら？

「風切るつばさ」（木村裕一[*21]）

○「二羽のアネハヅルは、最後の群れを追うように、南に向かった。」とあります。この向かう方向が「北」や「西」だったら？

「少年の日の思い出」（H・ヘッセ）

○ 収集物が「チョウ」ではなく「切手」や「コイン」だったら？

○「チョウを一つ一つ取り出し、指でこなごなに押し潰」さずに、箱ごと捨てたら？

イ：最適解を考える（一番○○なのはどれか）

ある課題に対して子どもたちが自分なりの解答を見つけたとします。そして、その解答をクラス全体でシェアしたとします。収束を目指さず、オープン・エンドで意見を交流すると教室の空気は和みますし、その様々な考えがまた違う考えを導いてくれます。

「正解」という用語は国語の文学の授業では禁忌、タブーとするとよいというのが筆者の考えです。「納得解」や「最適解」を各自が見つければよいからです。

しかしながら、明らかにこの複数の考えの中で、「一番よいと言える考えや解釈」がある場合があります。基本的には、学習者個々人が、「最適解」を考えればよいわけですが、その考えや解釈に対して教師が的確に価値づけたほうがよい場合もあります。具体的な授業でお伝えします。

筆者が参観した、教材「やくそく」（小風さち）[22]の授業を取り上げます。

T　：大喧嘩しているとわかるところに線を引いてください。
C1：「そのはっぱは、ぼくのだぞ。」と、いっぴきめがいいました。
C2：「わたしのはっぱをたべないで。」と、にひきめもいいました。
C3：「そんなことしるものか。」さんびきめがいいかえしました。
T　：この中で、一番大喧嘩の原因になったのはどれかな。

まず、「そのはっぱは、ぼくのだぞ。」と一匹目の青虫が自己主張したことが大喧嘩の引き金になったと言えるでしょう。また、「にひきめも」続いたことで争いとなったとも言えます。加えて、「そんなことしるものか。」という三匹目の言い方がキツかったから大喧嘩になったという意見も出るでしょう。

その中にあって、「いいました。」「いいました。」に続いて三匹目は、「いいかえしました。」と言っています。この「いいました。」と「いいかえしました。」の違いには子どもたちに気づいてほしいところです。「言い返す」の「返す」という表現は、戦闘モードに入ったことを伝えています。これは、字面を追っているだけでは気づかない差異であり、「一番の原因はどれか」を考えることで見えてくる相違点です。登場人物たちの発話や行為の差別化が図られ、その違いが前景化されるわけです。実践の続きを見てみましょう。

T　：どうして誰も（三匹は）、ゆずらなかったのかなぁ。
C1：みんなで食べると、木の葉がすぐなくなるから。

C2：おいしいから、食べたかったから。
C3：三匹も食べるとなくなるから。
C4：僕の葉っぱだから。私の葉っぱだから。
C5：三匹とも、「ちょう」になりたかったから。
C6：早く「ちょう」になって、早く空を飛びたいから。

さて、この場合も、「どれが一番強い（大きい）理由かな？」と問いたいところです。明らかに他と次元の違う解答があるからです。C1「木の葉がすぐなくなる」、C3「食べるとなくなる」という理由は、その大きな樹木と小さな青虫の解像度を上げれば、当てはまらないことに気づくでしょう。C2「おいしいから、食べたかったから」という理由も、他者に譲らないほどの理由に正対した答えとは言えないでしょう。そして、C5「『ちょう』になりたい」という理由も、他者に譲るか譲らないかという問題とは少しズレている考えです（もちろん、これらについて教師が子どもたちに解説する必要はありません）。

それらの意見の中にあって、C4「僕の葉っぱだから。私の葉っぱだから」という意見だけが自分の（土地の）所有権、独占権を巡った理由であり、他とは異質の考えであることがわかります。この「所有」を巡る争いというのは、世の中で最も激しい争いの火種となるものです。ロシアがウクライナに侵攻したのも、この「領土の所有」を巡る問題に他なりませんし、恋愛沙汰の問題もパートナーを所有物と勘違いして起こることがあるようです。本教材は、「与えられたものを（独り占めしようとはせずに）他者と共有することの素晴らしさ」を小学校一年生にもわかるように伝えている物語であり、その作品の魅力に子どもたちが気づくうえでも、「どれが一番強い（大きい）理由かな？」という問い返しが重要になってくるわけです。

小学校一年生にここまでの解説は必要ありませんが、この問い返しによって、その学級で起こった過去の

「所有」を巡るトラブルが想起できるとよいでしょう。「これは僕のだよ」「私のだよ」という喧嘩になった経験は、どの子どもにもあるからです。その苦い思い出の想起は、きっと、その後の子どもたちの仲間づくりに好ましい影響を残すことでしょう。

このように、読みの授業で解釈を求める場合、子どもが最適解を選ぶのが基本ですが、時に、「一番もっともな理由はどれか」を考え、〈子どもの考えが及ばなかったときは〉教師が追加したり、考えを価値づけたりしてあげることで〈深い読み〉へと子どもを導きます。

なお、子どもたちに心情曲線を描かせて、「一番大きく心情が変化したのはどこか」を問う授業によく立ち合います。この場合、「そこで登場人物が何を獲得したのか。何を喪失したのか」を合わせて尋ねたいところです。[*23]

例えば「故郷」（魯迅[*24]）で登場人物の心情が一番大きく変化したのはどこでしょうか。

「だんな様！……」と言われたところであるとすると、「美しい故郷の思い出」や「心の英雄」「昔からの友」「かけがえのない友情」を喪失したと言えるでしょう。

「希望をいえば」とポジティブに気持ちをチェンジしたところを挙げる生徒もいるでしょう。ここで「未来への希望」を獲得したとも解釈できます。しかし、登場人物はその後、この希望が幻想かもしれないというネガティブシンキングに一度逆戻りします。そんな心の揺れを経過して、登場人物は、他人や若い世代に期待せずに自分自身こそが希望に向けて歩き出すことが大事であるということに思い至ります。そして「歩く人が多くなれば、それが道になるのだ。」という強固な意思を獲得します。

このような読みの交流では最適解や納得解を子どもが得られればよいわけですが、現代社会は残念なことに、眼前の問題にコミットせず、責任から逃れる他責的な時代になっていますので、この「歩く人が多くなれば、それが道になるのだ。」という登場人物の一言のメッセージは生徒たちに伝わっていてほしいと願います。

整理しますが、様々な解釈をオープンに共有し合う読みの交流を行ったときに、その読みを比較する問い返しは、それぞれの読みの解像度を高めます。「この中で、一番大きな理由はどれかな」という問い返しのカードを教師は携帯しておくとよいでしょう。

ウ：「色」の描写への着目

解像度を上げるときに、特にメタファーとしてその機能を有するのは「色」の描写です。教材「大造じいさんとがん」（椋鳩十[*25]）では、東京書籍教科書（二〇二〇：一八三）の手引きに「東の空が真っ赤に燃えて、朝が来ました。」という描写に着目させて、登場人物の心情を考えさせる課題が書かれています。これから残雪を撃ち取ろうとするその熱いたぎりといったものが「真っ赤に燃える空」に込められていると読めるわけです。同様に、残雪がはやぶさと戦闘した姿は「むねの辺りをくれないにそめて」と描写されています。単なる「赤」という語彙を使わず、語り手が敢えて「くれない」という語彙を用いた意味を読み取りたくなります。ここでは、語り手が仲間を守ろうとした残雪の戦いぶりに対して敬意を払っているといった意図が読み取れるでしょう。

大庭三郎（一九八六）が、色彩から連想される事物を介して心理的に感じるものを整理しています。大庭の一覧を参考にしながら、筆者が追記したメタファーを紹介します。

「赤」　→［血］情熱　［火］危険　［太陽］革命　［焔］興奮　闘争　憤怒　勇気
［祭］勇壮　［口紅・唇］華麗　派手　艶　羞恥
［その他］真心　愛情　熱情　信実　信念

「（澄んだ）青」　→［空］清涼　［水］爽快　清新　新鮮　［その他］知性　清潔　純粋　集中　冷静

「(濃い) 青 (紺)」→ [海] 神秘　優美　[湖] 深淵　[空] 悲哀　[その他] 愁傷　悲嘆　静寂　理知　信頼
「黄」「橙」→ [蜜柑] 陽気　歓喜　[収穫] 幸福　[菜の花] 希望　[たんぽぽ] 快活　[信号] 注意　[その他] 楽しさ　ご機嫌　満足　慶福　恵沢　躍動
「白」→ [雪] 純粋　清純　潔白　無垢　[鳩] 平和　[白星] 勝利　[その他] 誠実　正直　はかなさ　悲哀　神聖　空虚
「黒」→ [死] 絶望　悲しみ　鎮魂　孤独　[暗闇] 恐怖　不気味　拒絶　[黒星] 敗北　[黒塗り] 高級　威厳　[その他] 苦しみ　悲観　犯罪　罪悪　幻滅
「灰色」→ [曇天] 不安　憂鬱　陰気　曖昧　[灰] 心労　失望　[その他] 疑義　不吉
「紫」→ [宮廷] 高貴　[すみれ・藤] 優雅　[その他] 神聖
「緑」→ [若草] 希望　[新緑] 青春　健康　[新芽] 成長　生命力　[草原] 平和　[公園] 落ち着き　[その他] 健全　平穏　やすらぎ　安泰　自然　のどか

この整理は、あくまでも一つの目安です。実際のところは、作品内の文脈によって、語り手が敢えてその「色」を選択して描写した意図を探り、自分なりの意味を見つけたいところです。

作品内に登場する様々な事物には、「色」を使った形容が多いものです。そのすべての「色」に意味を見つける必要はありません。しかしながら、ちょっと常識を外した形容や、起伏の大きな出来事を捉えて、敢えて形容されている「色」の意味は、丁寧に考えてみると面白いものです。

ここでも、「色」のメッセージ性が明確となっている作品をピックアップしてみましょう。

○「走れメロス」（太宰治）での「顔を赤らめたディオニス」と「勇者（メロス）の赤面」

↓正義が勝つというような話を書く柄ではないのに書いてしまった作家太宰自身の恥ずかしさ。恥ずかしさという指標で、作家（太宰）と主人公（メロス）と悪役（ディオニス）の符号がすべて一致します。メロスはディオニスの合わせ鏡であり、その両者は太宰の分身と言えます。

○「故郷」（魯迅）での最初の帰郷場面の描写「鉛色の空」

↓気乗りのしない帰省であり、憂鬱な気分での帰郷であるということ。

○「字のない葉書」（向田邦子）での「威勢のいい赤鉛筆の大マル」と「情けない黒鉛筆の小マル」

↓妹の元気な姿、心身ともに健康な姿と、悪いと訴えるほど悪くはないがよいとは言えない状態。

○「水仙月の四日」（宮沢賢治）での「赤い毛布」と、「初雪のふる日」（安房直子）での「赤いセーター」

↓いずれも生死を彷徨した子どもの生命の息吹、または再生。

○「空中ブランコ乗りのキキ」（別役実）での「白い鳥」「白い魂」

↓四回転にこだわるキキの純粋さ、純真さ。その生命のはかなさ、せつなさ。

○「竜」（今江祥智）での「緑色のあぶく（あくび）」

↓（それまでは「ため息」を漏らしていたことと対照的な）心の落ち着き、平穏。

○「夏の葬列」（山川方夫）での「ヒロ子さんの白い服」

↓汚れのない死。悲哀。沈黙。空虚。

ところで、日本眼科医会（二〇〇八）によると、「先天赤緑色覚異常の発生頻度は、日本人では男性の五％、女性の〇・二％です。つまり、男性では二〇人に一人、女性では五〇〇人に一人の割合です。決してまれではありません。」ということです。学級の中には色覚異常の子どもがいるかもしれません。これらの子どもに配慮して授業する必要があります。

エ：修飾や形容への着目

前述した「色」に限らず、事物を修飾している形容詞や、動作を詳述する副詞は、読み飛ばすことが多いものです。私たちの脳は、情報処理の速度を優先すると修飾する描写を明瞭化せずに処理するようです。情報処理速度にもよりますが、その細部の修飾語を丁寧に映像化できれば望ましいものでしょう。また、授業にて、字面だけを目で追っていて映像化できていない場合は、ここで立ち止まり、丁寧に修飾語を確認する必要があります。

これは教材「スイミー」（L・レオニ）[*26]の第二の場面でよく見受けられる授業光景です。

T ：どうして、スイミーは元気になれたのかな。
C1：いろんなものを見たから。
C2：「おもしろいもの」を見たから。
C3：「くらげ」とか「いせえび」とかを見たから。
C4：「にじ色のゼリーのようなくらげ」とか「水中ブルドーザーみたいないせえび」などを見たから。

この四人の子どもの発言には読みの解像度に差があります。C1→C4に行くに従い、より具体的になり、かつ解像度が鮮明になっていくのがわかることでしょう。「いろんなものを見たから」という発言も間違いではありませんし、『おもしろいもの』を見たから」と答えても否定する必要はありません。

ここで教師は、「じゃ、どんなくらげを見ても、元気になれたのかな。普通の透明なくらげでも元気になれたのかな」と揺さぶりたいものです。そうすると、「違うよ、『にじ色』だったから、元気になれたんだよ」と答える子どもがいることでしょう。同様に「いせえび」も「ブルドーザー」のような大きさや勇ましさ、強さを感じたから、それを見て元気になっていったのです。

これは、「赤い魚」の中で自分だけ「黒い色」をしていた違和感や疎外感を抱いていたスイミーに、「他者と違っていいんだな」「他者と違うのは個性であって、みんなそれを恥じることなく生きているんだ」という思いをもたせたことでしょう。だからこそ、スイミーは元気になっていったということです。筆者が参観する教室では、このC1〜C4を同等に扱うことが多かったようです。日々の授業で教師は、「先生は、漫才とか、おもしろいものを見ても元気にならないときがあるよ」とか「くらげを見ても先生は元気にならないけどなあ」などと、揺さぶりをかけて、大洋に差し込む太陽の光を受けた「にじ色のくらげ」の美しさや、その輝きに気づかせたいものです。日々の授業で、その差異化を図るかどうかが、読みの解像度を上げる読みの習慣につながっていくと考えられます。

また、ここでは同様に、次のような揺さぶりも用意してほしいものです。

T：「おもしろいもの」[*27]を見ただけで、本当に元気になるのかな。「にじ色のくらげ」を見ただけで、元気になれるものかな。

教員の集まる研修講座で筆者はこの場面を先生方に投げかけたことが数回あります。（研修会会場にもよりますが、）気づく先生は、全体の二割程度です。テクストの次の根拠を拾った解釈を期待したいと思います。

C：「おもしろいものを見るたびに、スイミーは、だんだん元気をとりもどした。」ということだから、おもしろいものを見て、ちょっと元気になって、また落ち込んで、またおもしろいものを見て、元気になって……それを繰り返していって、だんだん元気になっていったと思います。

私たちもそうでしょう。仕事で失敗して凹んでいるとき、例えば大谷翔平選手のホームランのニュースを見ると、ちょっと元気をもらいます。でも、また現実に戻って気分が沈み、そしてまた、大谷選手の活躍を目にして元気をもらいます。……その繰り返しの中で徐々に元気を取り戻していくものでしょう。この場面ではさらに解像度を上げる揺さぶりがあります。

T：この場面がなくても、いずれスイミーは元気になって大きな魚を追い出すことができたよね。

これは、「この場面がなくては、スイミーは大きな魚を追い出すアイデアを思いつくことができなかった」ということに気づかせたい揺さぶりです。「スイミーはかんがえた。いろいろかんがえた。うんとかんがえた」わけですが、アイデアが閃くときには必ず無意識であるにせよ、なんらかの経験や知識が発酵して生まれてくるものです。ここでは、「見たこともない魚たち。見えない糸でひっぱられている」様子をきちんと映像化したいものです。この見えない糸でひっぱられている姿こそが、「海でいちばん大きな魚のふりをして」泳ぐという発想につながったからです。解像度高く作品を読んでいなければ、この伏線には気づきません。細部を確認する教師のコーディネートが、子どもたちの読みの解像度を上げていくのです。

方法⑦：吹き出し法――心情の解像度を上げる――

四二―四四頁に西郷竹彦の〈内の目〉の実践を紹介しました。これにヒントを得て、筆者の研究室の学生と卒業生が次の協同研究を行いました（鈴木柚衣子ほか二〇二三）。「吹き出し」を使って登場人物の心内語を考える方法は、普通に「登場人物はどんな気持ちでしょう」と問うた場合と、どのような違いがあるのか、その相違を明らかにするという研究です。発達段階によっても差異があると想像されたので、教材「おとうとねずみチロ」（森山京）を扱った小学校一年生と、教材「プラタナスの木」（椎名誠）[*28]を扱った小学校四年生を研究対象としています。

　調査は次のように行いました。

　教材の一場面を取り上げ、そのときの登場人物の心情を捉えようという授業において、次頁の二つのワークシートを用意し、次の指示を与えたのです。

「どちらのシートから取り組んでもよいです。また、どちらに多く記入してもよいですし、片方のみの記述でもよいです。マーちんの気持ちを書いてください」

　この調査では、次のような児童の様相が見られました。四年生の「プラタナスの木」での児童例です。「気持ちシート」では、「楽しみな気持ち」、「不思議な気持ち」と一言ずつしか書かなかった児童Aが、「吹き出しシート」にて、「早く、おじいさんにあいたいな。早く春になってほしいな」「どうして祖父母の森の木はたおれなかったのに、プラタナスはたおれかかってしまったのかな?」「おじいさんは、どこへ行ってしまったんだろう?」と記述したのです。

　同様に、児童Bは、「気持ちシート」に「やさしい気持ち」と書いただけなのに、「吹き出しシート」では、「根が困らないように、ぼくたちがみきやえだや葉のかわりになってあげよう。おじいさん、木が根だけになったら……（引用者中略）……のお話をしてくれてありがとう」「おじいさん、ぼくたち、今、プラタナスを助けているよ」と、その心内語を記述しました。

　このような相違は一部の児童だけでなく、多くの児童で確認されています。そして、この四年生での結果

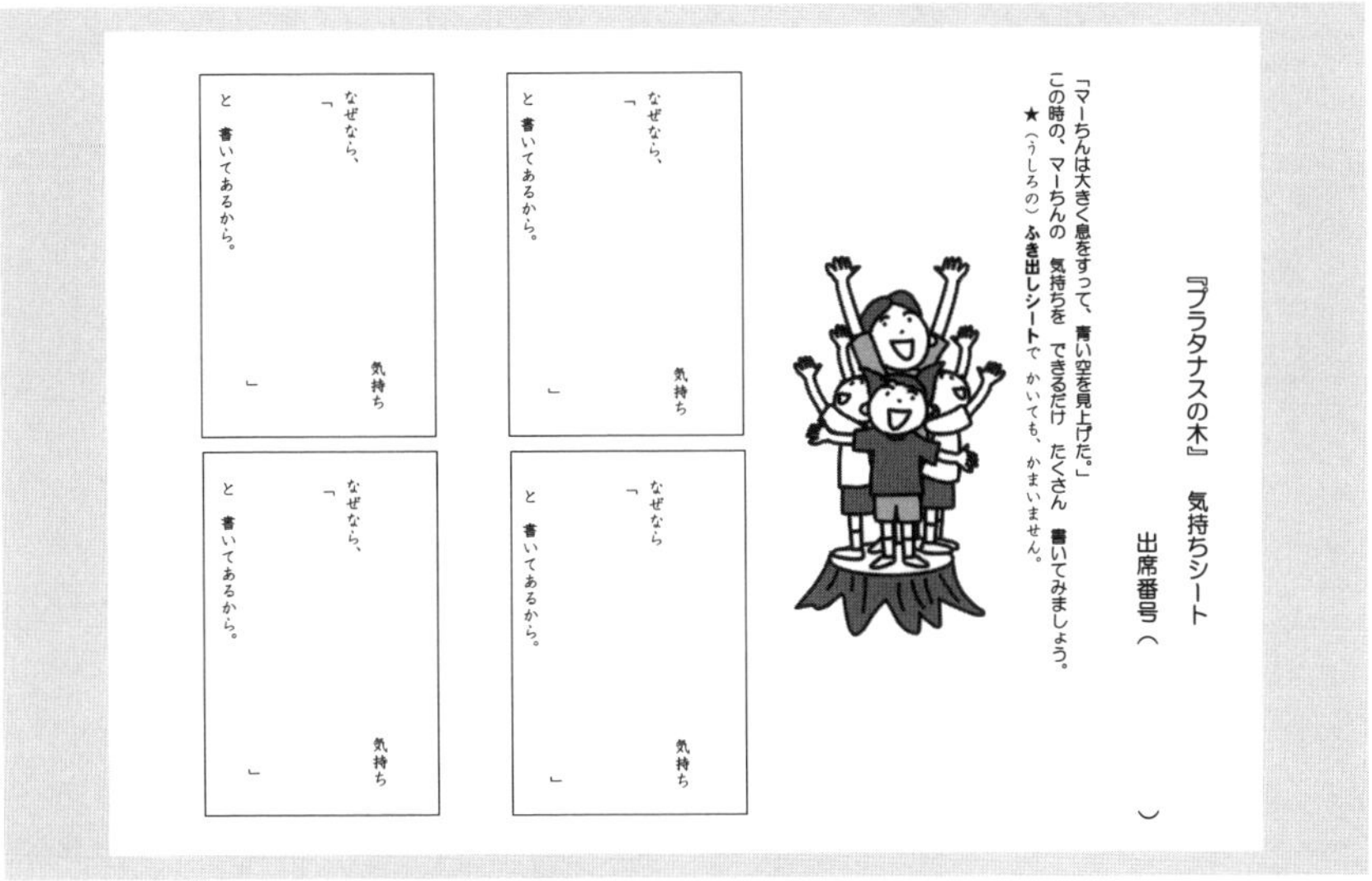

図23●「プラタナスの木」の気持ちシート

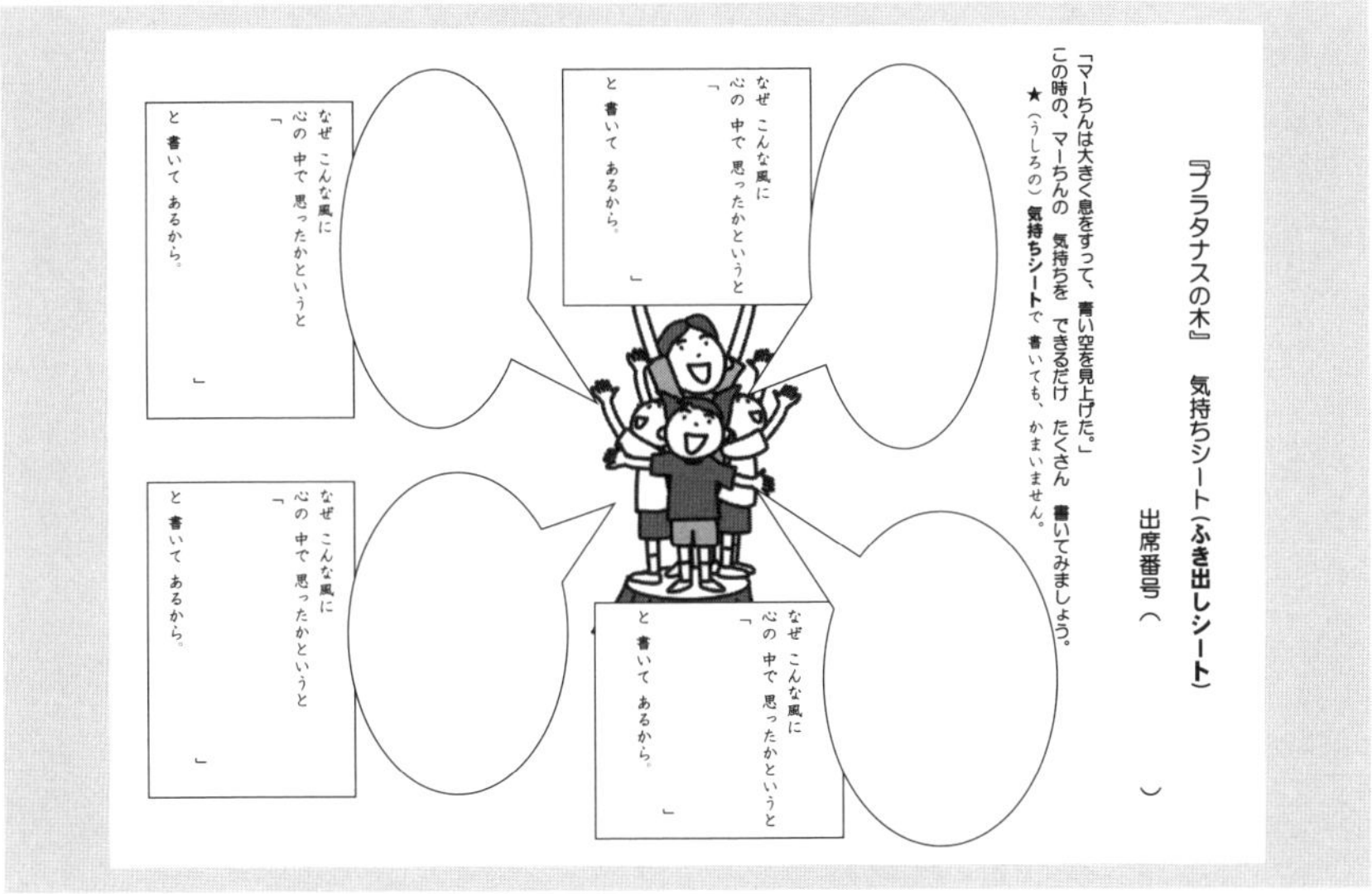

図24●「プラタナスの木」の吹き出しシート

は、小学校一年生の授業でより顕著に認められました。「吹き出し」にすることで、登場人物の心の声を具体的に拾うことができたということです。

この検証授業の結果から、登場人物の心情を推し量るときには、「どんな気持ちですか」「どんな心情でしょう」と問いかけるよりも、「心の中の言葉を拾ってみよう」と「吹き出し」を用いて記述させたほうが、より解像度を上げてその心の有り様を言語化できるということが判明しました。

小学校高学年や中学校では吹き出しに心内語を記述するという学習活動を幼稚に感じたり、恥ずかしさを覚えたりするかもしれませんが、小学校中学年までは有効に機能する方法だと言えそうです。

方法⑧：手紙を書く活動——心情の解像度を上げるⅡ——

「吹き出し法」と同様に、「登場人物になりきり、他の登場人物に手紙を書く」という学習活動も、登場人物の心情を解像度を上げて理解するのに有効な方法となります。

登場人物の心の声を言語化する活動ですので、「吹き出し法」と同じ効果が見込まれます。田川朗子（二〇二二）は、教科書教材の手引きを対象として、手紙を書くという活動を調査するとともに、手紙を書く実践報告を集め、その宛名と差出人を分類して、それぞれの特徴を整理しています。多くの教室では、学習者から登場人物に向けて手紙を書く活動が行われていますが、登場人物の立場から別の登場人物に向けて手紙を書くという学習活動は、先の「吹き出し法」と同じように登場人物への同化を促進します。心の声を拾っていくわけですから、その心情の把握がよりリアルになるわけです。さらに作品の解像度を上げることを目的にするならば、授業の振り返りでは、「今日学んだこと」「今日の授業の感想」を書くだけではなく、登場人物になって他の登場人物に宛てた手紙を書くという言語活動を組織してもよいと言えます。

この活動は、物語世界と現実世界の境界が曖昧な小学生においては、特に有効に機能します。

例えば、教材「お手紙」（A・ローベル）にて、「がまくん」になって「かえるくん」に返信の手紙を書くであるとか、「かえるくん」になって「かたつむりくん」宛に手紙を書くという活動です。

また、中学校であっても、教材「握手」（井上ひさし）にて、「私」になって「ルロイ修道士」に弔辞を書くといった芝居がかった課題を設定すると、生徒も興味をもつことでしょう。

方法⑨：作品の周縁情報

ア：作家に関する周縁情報

テクストそれ自体を離れますが、テクストの周縁情報を得ることで、テクストの解像度がグッと増すことがあります。また、それまでスルーしていたテクストの文字が急に目にとまるということがあります。

例えば、「ごんぎつね」（新美南吉）においては、新美南吉の生い立ちが読解を左右する重要な情報となります。新美南吉は、四歳で母を亡くし、その後祖母に引き渡され、間もなくして継母に育てられます。この幼い頃の生い立ちに思いを馳せると、「ひとりぼっち」のごんが、母を亡くした兵十に対して「おれと同じ、ひとりぼっちの兵十か」とつぶやく一言がグッと胸に迫ります。映像の解像度ということではありませんが、母を亡くして孤独となった兵十、同じく母を亡くしている作者南吉、そして天涯孤独であるごんの三者が、「ひとりぼっち」という符号で重なるわけです。この作者情報を知ると、「ひとりぼっち」という表現が急に大きく重く受け止められます。

同様に、詩「月夜の浜辺」（中原中也）[*29]も、この詩が書かれた当時の中也のおかれた状況を知ると、その作品のせつなさの度合いが増します。中也は、愛児文也を亡くす寸前、または、亡くした直後にこの詩を書いたと想定されています。すると、「月夜の晩に、拾ったボタンは／指先に沁み、心に沁みた／月夜の晩に、拾ったボタンは／どうしてそれが、捨てられようか？」と語られる中也の心情が解像度豊かに迫ってくるわけです。このボタンを捨てるという行為は、文也を、そして自分自身を抛り投げることにつながるように読めるからです。

また、「空中ブランコ乗りのキキ」（別役実）であれば、作者別役実が、舞台上の華やかなライトを浴びて演じる役者の光と影をたくさん見てきた劇作家であるということを知ることで、作品で語られるキキの悲劇的な宿命というものが前景化します。「盆土産」（三浦哲郎）に至っては、作者三浦哲郎が二人の兄の失踪と二人の姉の自死を背負い『忍ぶ川』という純愛小説を書いているという事実を知ることで、父、祖母、姉、主人公の織りなす家族の温かみが増すといえるでしょう。

作品の読解や鑑賞における読みは読者において編み出されるのであって、その起源を作家に求めるわけではありません。しかしながら、作家情報は作品を読み解く重要なファクターになりますので、作品に応じて適宜情報にアクセスする必要があるでしょう。また、教師が提供せずとも、気になった場合は子どもたちが自らタブレットで調べるという習慣をつけるとよいでしょう。

イ：時代背景に関する周縁情報

作家情報だけでなく、その作品が書かれた時代についての知識の有無もその読みの解像度を左右します。例えば、平家vs.源氏の物語である「平家物語」[*30]は、平安時代の貴族社会から鎌倉時代の武家社会への移行を典型的に描いた歴史物語であるという知識は重要です。「扇の的」で、華やかな衣装をまとった女房が「扇」を出して源氏を挑発した姿や、「黒革をどしの鎧を着た男」が舞を「舞ひしめ」た姿というのは、貴族の映像として脳裏に浮かべると、その敗北の前兆を見て取れます。また、「敦盛の最期」で敦盛を討つときの熊谷直実の「武芸の家に生まれずは、なにとてかかる憂きめをば見るべき。」という嘆きや、敦盛が戦場に笛を携えていたことの哀れさは、歴史的知識をもたないことには伝わりません。直実は、もともと平家方の武士であり、源氏に寝返って参戦していました。同時に、この戦の直前に初陣に出た息子（小次郎）が薄手を負っていました。これらの背景情報を知ると、敦盛を討ち取らざるをえない心境がさらに解像度を上げて伝わってきます。古典は平家物語に限らず、このような知識の有無が、その読解の解像度に大きな影響を与えます。中学校、高等学校の教師は、その情報の選択と伝え方が教師力の一つであるとも言えるでしょう。

ウ：舞台背景に関する周縁情報

筆者は歌人の歌碑や俳人の句碑巡り、作品舞台となったロケ地巡りを趣味の一つとしていますが、その土地のその空気を吸い、そこでの風を感じることで実感をともなってその作品を好きになることがあります。

詩「落葉松」（北原白秋[*31]）は、まさにそれでした。二〇代前半に読んだときには、この詩のよさを今一つ理解できませんでした。しかし、浅間山麓の落葉松林を歩いたところ、その作品世界に引き込まれました。白秋がどの山道を歩いてこの詩を書いたのか正確には知りませんが、筆者は小浅間山までトレッキングしたことがあります。浅間山麓の広大な落葉松の樹林帯を歩き、落葉松の樹林帯を抜け、浅間山から上がる噴煙を目にしたことで、この詩を大好きになりました。詩「落葉松」を授業する前に、是非とも浅間山山麓の浅間・白根・志賀さわやか街道をドライブし、小浅間山まで山歩きされることを勧めます。

「からまつの林を出でて、／浅間嶺にけぶり立つ見つ。／……（引用者中略）……世の中よ、あはれなりけり。／常なけどうれ

図25●落葉松林と浅間山（小浅間山から筆者撮影）

しかりけり。／山川に山がはの音。／からまつにからまつのかぜ。」この叙景詩は、詩「大阿蘇」（三好達治）とともに、その情景に身を浸らせてこそ理解できます。筆者の研究室の学生が、教育実習にてこの「落葉松」で代表授業することになりました。そこで研究室の学生たちと筆者は、福島県土湯峠にある広大な落葉松林に赴き、その落葉松林の小径を歩き、その風景をビデオに収めました。そして、実習生は、その映像を流しながら、「落葉松」を生徒とともに音読しました。自然の中で音読することには及ばないでしょうが、映像を使うことで、それに近い臨場感を味わわせることができたようです。

エ：作品背景に関する周縁情報

作品背景を知ると、そのテクストの一つ一つの描写に深い合点がいくことがあります。

例えば、「スイミー」（L・レオニ）の第二の場面は、第二次世界大戦中、作者が故郷イタリアの戦火を逃れてアメリカに渡って見た風景と重なります。これは敢えて小学校低学年の子どもに提示する必要はないと言えますが、教える側としては知っていてよい情報です。

オ：フィクションとドキュメント

ところで、このような作品の背景情報は常に作品の解像度をよい方向で上げてくれるというわけではありません。「こんなところで、この歌（句）を詠んだのかぁ。幻滅するな。この歌（句）は、ちょっとフィクションが入っているな」と思うこともあります。先述した牧水の「白鳥は哀しからずや……」の歌碑は房総半島の先の根岸海岸にあります。筆者は、「空の青海のあをにも染まらない白鳥の気持ち」を追体験したい思いで、その根岸海岸をただ一人、敢えて自転車を走らせて訪ねました。

するると、その海岸は海水浴場であり、筆者には、ドラマチックな物語を感じさせるロケーションには思えませんでした（あくまで筆者の身勝手な感覚です）。しかも、この歌を根岸海岸で作成した牧水は、孤独な放浪の途中ではなく、夫のいる女性と、もう一人の男性と三人で、なにがしかの曰くつきで訪れていたと言われています。牧水には「幾山河越えさり行かば寂しさの終《は》てなむ国ぞ今日も旅ゆく」という短歌もあります。筆者は「白鳥は哀しからずや」で始まる短歌を孤独な風来坊のイメージで想起していましたので、この情報を目にして幻滅してしまいました。こういった場合は、その情報は伏せておいたほうがよいものかもしれません。

　このように、作品を読み解く際には、解像度を上げず、余計な情報に耳を塞いだほうがよい場合もあります。また、当然のことですが、想像する映像は、一律の共通したものでなければならないわけではなく、読み手が個々に映像の解像度を上げればよいものです。

　しかし、作り手側からすれば、自分のプライベートな情報を勝手に調べられたうえに勝手に幻滅されるのは迷惑な話だとも言えるでしょう。公人や有名人のプライベート情報は、常に知る権利と個人情報保護の狭間で問題となりますが、文学作品と作家の関係も今後、より一層デリケートな扱いとなっていくことでしょう。

　かつて歌人俵万智（一九九三：一三二）が、次のようなインタビューを受けたことを打ち明けています。

「あなたの恋の歌、あれは全部ほんとうにあったことなんでしょうか？　それとも友だちの話を聞いてつくるとか、空想から生みだすとか。いったい、どっちなんでしょう」

　野暮な質問ですので、ここでの回答は控えます。知りたい方は文献にあたってみてください。作家を巡る物語を想像するのは読み手の自由ですし、その作家情報を得ることで、作品の解像度が上がり、作品の解釈に深みが増すことがあるのは確かです。その一方、同時に過剰な情報が流出することで、作品の評価が下がることもありえます。特に現代作家に対して、余計な詮索をするのは悪趣味にもなりかねません。

　俵万智が様々なところで書いているのでご存じの方も多いと思いますが、俵万智の第一歌集『サラダ記念日』のタイトルともなった短歌「『この味がいいね』と君が言ったから七月六日はサラダ記念日」は、半ばフィクションであり、実際のところ、その時の料理は「サラダ」ではなく「から揚げ」であり、「この味」は「カレー味」であったということです。さらに、実際は七月六日ではなく六月七日であったということも公表されています。

　俵万智は、サ行音の爽やかさと初夏の爽やかさの響き合いを意図して、「七月六日」という日を選び、かつ「から揚げ」を「サラダ」に置き換えたと述べていますが、その推敲により、この短歌は事実を越えた真実の姿に剪裁されて歴史に残る名作となりました。

　このような事例としては松尾芭蕉の「荒海や佐渡によこたふ天の河」[*32]も有名です。実際に芭蕉が寺泊を訪れた時季に、本州と佐渡を結ぶ越佐海峡の夜空へ天の川が橋を架けるように横たわることはありません。しかし、かつて政治犯の島流しの多かった佐渡の人々が都への帰郷を夢見ていたことなどに思いを馳せると、やはりそこに事実を超越した豊かな情景を思い描かずにはいられません。フィクションにすることで人間や社会の真実の姿にさらに近づくことになるということもあるのです。

◉注

＊1　引用にあたり、光村図書　令和二年度版小学校教科書『こくご　二下　赤とんぼ』を参照しています。

＊2　引用にあたり、光村図書　令和二年度版小学校教科書『国語　三上　わかば』を参照しています。

＊3　引用にあたり、三省堂　令和三年度版中学校教科書『現代の国語　2』を参照しています。

＊4　三省堂　令和三年度版中学校教科書『現代の国語　2』を参照しています。

＊5　主人公の竹内とトリノの席に着目してみます。竹内が右、トリノが左の席に座っているとすると、加えて竹内が右利きだったとすると、トリノのノートに手を伸ばして文字を書く竹内とトリノの距離はかなり近くなります。それは二人の親密さの度合いを表します（佐藤佐敏二〇二二：四―五）。

＊6　渡辺貴裕は、動作化を〈なる〉活動として前者をプロダクト（完成品）としての動作化と呼び、後者をプロセスとしての動作化と呼んでいます。そして渡辺（二〇一四：一一三―一一六）は、プロセスとしての表現について、「動きながら感じ、それによって次の行動が引き起こされる」活動として捉え、〈読み〉の授業で演劇的手法をとる可能性を提示しています。

＊7　引用にあたり、東京書籍　令和二年度版小学校教科書『新しい国語　二下』を参照しています。

＊8　引用にあたり、光村図書　令和二年度版小学校教科書『国語　四下　はばたき』を参照しています。

＊9　引用にあたり、三省堂　令和三年度版中学校教科書『現代の国語　1』を参照しています。

＊10　住田勝（二〇一五：一九二）は、「読書能力の発達モデル」を措定し、「物語世界と生活世界とが、『遊び』を媒介項としながら融合した段階にある読者を、【読者0】と呼ぶことにします。この段階における子どもたちは、物語の舞台を自分（たち）が使うことのできる遊びのフィールドと見なし、ごっこ遊びとして仕立て直しながら遊び込んでいきます。」と述べています。そして、住田（二〇二二：一九四）は、「作品世界と読者がにじみ合い解け合った『ごっこ遊び』を通して、物語世界に子どもたちが『すむ』。」とも述べています。

＊11　調査対象は国立A大学で小学校教員免許状を取得するための講義を受講している学生であり、四分という時間内で鑑賞文を書かせました。「栗のイガのトゲトゲした見た目」（視覚）「カラカラ音のする松ぼっくり」（聴覚）「蜜柑の甘さ」（味覚）「フレッシュな香り」（嗅覚）といった記述が記載されている場合、五感の活用としてカウントしました。「五感を活用して」といった条件を付さない指示では、敢えて五感を活用しないで俳句を鑑賞している学生が多かったという事実が判明したということです。

＊12　引用にあたり、光村図書　令和三年度版中学校教科書『国語　2』を参照しています。

＊13　引用にあたり、光村図書　令和二年度版小学校教科書『国語　三下　あおぞら』を参照しています。

＊14　引用にあたり、光村図書　令和二年度版小学校教科書『国語　四上　かがやき』を参照しています。

＊15　引用にあたり、三省堂　令和三年度版中学校教科書『現代の国語　1』を参照しています。

＊16　引用にあたり、三省堂　令和三年度版中学校教科書『現代の国語　2』を参照しています。

＊17　引用にあたり、三省堂　令和三年度版中学校教科書『現代の国語　3』を参照しています。

＊18　引用にあたり、三省堂　令和三年度版中学校教科書『現代の国語　2』を参照しています。

＊19　引用にあたり、東京書籍　令和二年度版小学校教科書『新しい国語　五』を参照しています。
＊20　引用にあたり、光村図書　令和二年度版小学校教科書『国語　五　銀河』を参照しています。
＊21　引用にあたり、東京書籍　令和二年度版小学校教科書『新しい国語　六』を参照しています。
＊22　引用にあたり、光村図書　令和二年度版小学校教科書『こくご　一上　かざぐるま』を参照しています。
＊23　心情の変化と失ったもの（獲得したもの）の関係から作品の主題に迫る方法論を確立したのは、寺崎賢二（一九八八：三三―七五）の功績です。
＊24　引用にあたり、三省堂　令和三年度版中学校教科書『現代の国語　3』を参照しています。
＊25　引用にあたり、東京書籍　令和二年度版小学校教科書『新しい国語　五』を参照しています。
＊26　引用にあたり、光村図書　令和二年度版小学校教科書『こくご　二上　たんぽぽ』を参照しています。
＊27　鶴田清司（一九九五：七四―七五）を参考にしています。
＊28　引用にあたり、光村図書　令和二年度版小学校教科書『国語　四下　はばたき』を参照しています。
＊29　引用にあたり、光村図書　令和三年度版中学校教科書『国語　2』を参照しています。
＊30　引用にあたり、三省堂　令和三年度版中学校教科書『現代の国語　2』を参照しています。
＊31　引用にあたり、東京書籍　令和三年度版中学校教科書『新しい国語　2』を参照しています。
＊32　引用にあたり、三省堂　令和三年度版中学校教科書『現代の国語　3』を参照しています。

◉文献

石田波郷　一九七〇　『石田波郷全集　第1巻』　角川書店
大庭三郎　一九八六　『色彩の世界』　未来社
北原健二監修　二〇〇八　『色覚異常を正しく理解するために』　日本眼科医会HP
https://www.gankaikai.or.jp/colorvision/detail/post_9.html（二〇二四年四月一八日最終確認）
佐々木幸綱　一九八二　『ジュニア版　目でみる日本の詩歌⑧　近代の短歌』　TBSブリタニカ
佐藤佐敏　二〇一三　『思考力を高める授業　作品を解釈するメカニズム』　三省堂

佐藤佐敏　二〇二二　「『読み方』は料理における『調理法』である」　三省堂編　『ことばの学び』　一五号　四―五

杉田久女　一九七三　「杉田久女句集」　富安風生　水原秋櫻子　山本健吉監修　『現代俳句大系　第九巻』　角川書店

鈴木柚衣子　熊田里佳　木幡真弘　小沼綾花　原田綾音　佐藤佐敏　二〇二三　「文学の読みの授業で「想像力」を伸ばす指導法　―西郷竹彦の「同化体験」と「吹き出し」に着目して―」　福島大学国語教育文化学会編　『言文』　七〇号　二―一四

住田勝　二〇一五　「読書能力の発達」　山元隆春編　『読書教育を学ぶ人のために』　世界思想社

住田勝　二〇二一　「『語り＝物語行為』に着目した文学テクストの教材研究の可能性」　全国大学国語教育学会編　『国語科教育研究：第一四〇回春期大会（オンライン）研究発表要旨集』

田川朗子　二〇二二　「読みの授業で手紙を書く活動に関する実態調査―国語科教科用図書と先行実践の分析―」　福島大学国語教育文化学会編　『言文』　六九号　三一―四五

俵万智　一九九三　『短歌をよむ』　岩波新書

鶴田清司　一九九三　『「ごんぎつね」の〈解釈〉と〈分析〉』　明治図書

鶴田清司　一九九五　『「スイミー」の〈解釈〉と〈分析〉』　明治図書

手塚健斗　二〇二二　「五感を活用した文学作品の解釈の研究―写真や実物提示による解釈の相違―」（非売品）

寺崎賢二　一九八八　『「分析の技術」を教える授業』　明治図書

本多礼諭　佐藤佐敏　二〇一九　「読みの授業における動作化の効果」　『福島大学総合教育研究センター紀要』　二七号　一一―一九

黛まどか　一九九六　『B面の夏』　角川書店

渡辺貴裕　二〇一四　「プロセスとしての表現　教育方法学の視点から」　渡部淳＋獲得型教育研究会編　『教育におけるドラマ技法の探究―「学びの体系化」にむけて』　明石書店

5 読みの解像度を上げる授業の解説──「朝のリレー」(谷川俊太郎)から──

朝のリレー　　谷川俊太郎

カムチャッカの若者が
きりんの夢を見ているとき
メキシコの娘は
朝もやの中でバスを待っている
ニューヨークの少女が
ほほえみながら寝がえりをうつとき
ローマの少年は
柱頭を染める朝陽にウインクする
この地球では
いつもどこかで朝がはじまっている
ぼくらは朝をリレーするのだ
経度から経度へと
そうしていわば交替で地球を守る

本項では、教材を読む際に叙述されている世界を映像化するということは、どういうことなのかということを具体的に説明していきます。中学校の教材である詩「朝のリレー」(谷川俊太郎)[*1]を例にします。[*2]

地球は傾いていますから、一日中太陽が出ている白夜の地域もあれば、一日中太陽が出ない極夜の地域もあります。その北極圏と南極圏を除くと、地球上すべての土地にいつも必ず朝が訪れています。その様子を「朝のリレー」という〈隠喩(メタファー)〉で語っている大変に清々しい詩です。この詩は全編メタファーとして捉えるべきであり、具体的な映像を思い描くのは邪道であるというご意見もあることでしょう。しかし、その読みを一人一人に任せていたのでは、全くこの詩のよさを感じることができず、読み味わうことのできない子どもも大勢います。そこで、次のように問いかけながら授業を進めてみたいと思います。

なお、ここで示す問いについて、実際に中学一年生が発言するであろう反応を記しました。この他にも様々な反応例が想像されますが、主立った反応例を記しています。この問いは、オープン・クエスチョンであり、その映像を一つに絞る必要は全くありません。授業を追試する場合は、それぞれの子どもたちが思い描くことを尊重して受容するとよいでしょう。

眠る前のひととき耳をすますと
どこか遠くで目覚時計のベルが鳴ってる
それはあなたの送った朝を
誰かがしっかりと受けとめた証拠なのだ

では、始めます。「T」は教師、「S」はスチューデント、生徒の略です。

T：「カムチャッカの若者」が見ている夢に出てくるのは、「きりん」だけですか。「きりん」以外の動物は出てきませんか。
S：「きりんの夢を見ているとき」とあるから、「きりん」だけだと思う。
S：「きりん」のぬいぐるみだと思う。
S：「ライオン」とか「しまうま」とかも出てきていると思う。
S：私は動物園の「きりん」だと思っていたけど、そうじゃなくて、サバンナの夢を見ているってことかな。
S：カムチャッカは寒いところだから、寒い国の若者が、暖かい国に憧れているってことかな。
T：「朝もやの中でバスを待っている」少女は、何をするためにどこへ行こうとしているのでしょう。
S：学校に行こうとしている。
S：彼氏とデートするんじゃないかな。

S：「メキシコ」ってある。市場に買い物に行こうとしているんじゃないかな。

T：「朝もや」は、気温差が激しいときにできる気象現象ですね。よい天気になる朝に、もやがかかることが多いのです。少女にはこれから何かよいことが待っているような感じがしますね。

T：「ニューヨークの少女が／ほほえみながら寝がえりを」うっているというのだけれど、どんな夢を見ているのでしょう。

S：楽しい夢を見ている。友だちと町を歩いている夢とか。

S：「娘」じゃなくて「少女」だから、友だちからプレゼントをもらったとか、そういう夢だと思う。

S：ニューヨークって、ブロードウェイがあるところですよね、ミュージカルみたいな夢を見ていると思います。

T：「柱頭を染める朝陽にウインクする」って、どういうことかな。

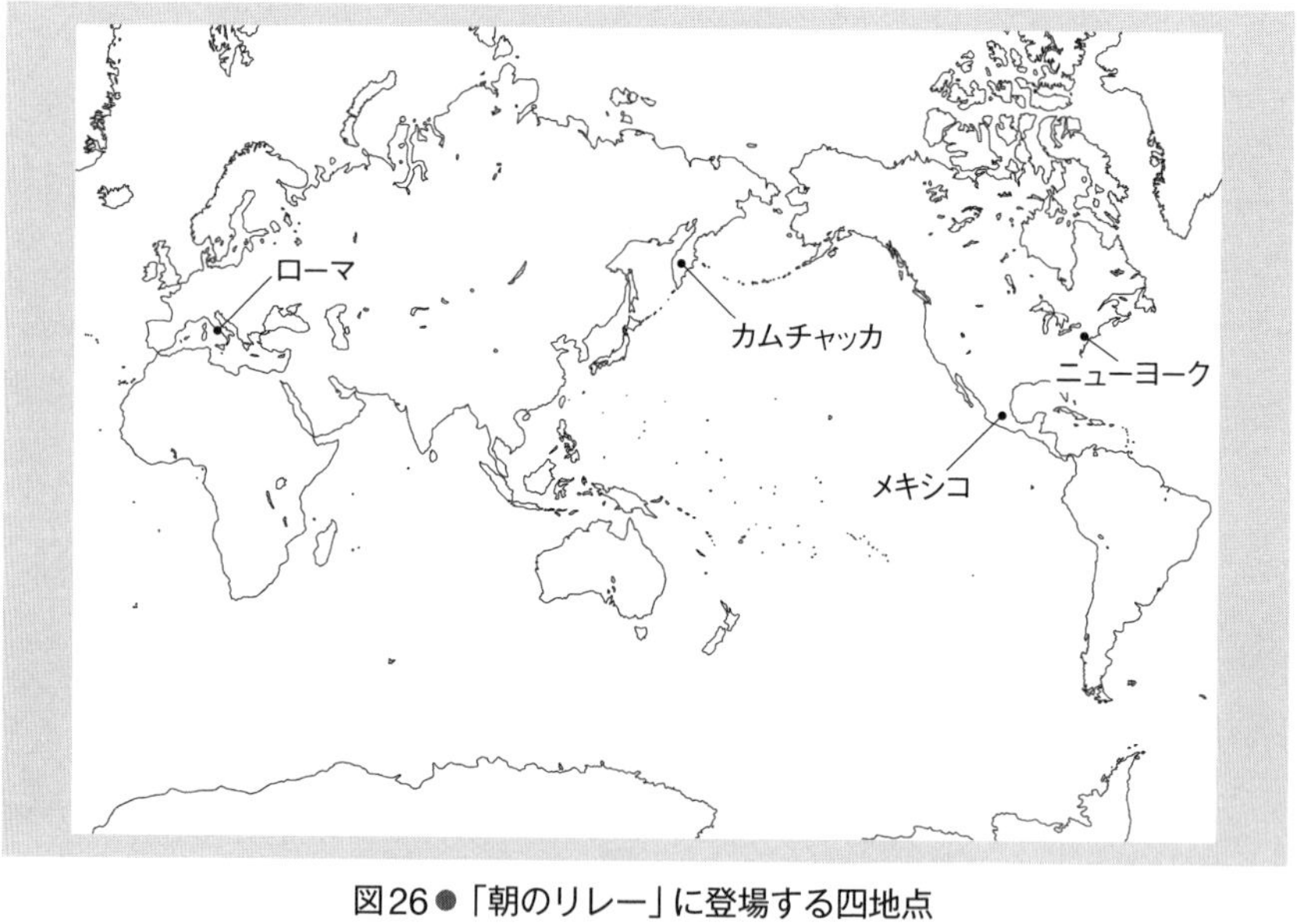

図26●「朝のリレー」に登場する四地点

S：ローマって、遺跡が多いところだから、その遺跡の柱に朝日が当たっているんだと思う。
S：イタリア人って、なんか、女の人に向かって「ウインク」とかしそう。
S：そうじゃなくて、朝日がまぶしくて、目を細めているのを「ウインク」って言ったんじゃないかな。
S：「少年」だからね。でも、どっちもありでいいかもしれない。

ここまで一連で描かれている世界を映像化してみました。映像化の基盤となる地名については、これらの問いかけの前に確認しておいたほうがよいですね。一〇頁の「ミュージシャン」の絵と同じようにその国がどこにあるのか、というのは重要な補助線になります。「カムチャッカ」についてはわからない子どもも多いでしょうから、タブレットで地図を提示し、しっかりと確認するとよいでしょう。「サバンナ、つまり暖かい地方に憧れているのでは」という意見は、カムチャッカの緯度が高いという知識があることで解像度が上がる意見です。同様に、メキシコの首都であるメキシコシティは標高二二四〇メートルにある高原都市だという知識も補ったほうがよいかもしれません。このような高原は、気温差の激しい季節だと朝靄がかかりそうです。そういった知識があると解像度がグンとアップするわけです。

ここからメタファーである二連の解像度を上げていきます。

T：この作品は「地球上のどこかで朝が始まっていること」を「リレー」に喩えているのですね。では……

①「朝のリレー」のコースは？
②「朝のリレー」の選手は？
③「朝のリレー」のバトンは？

④「朝のリレー」の目的は？

【① コース】

S：地球（地球の経度上）。

S：宇宙（銀河系・太陽系）。

【② 選手】

S：地球上のすべての人。

S：人間だけじゃなくて、地球上のすべての生き物。

S：地球上の人がみんな同じチームの一員だってこと。

T：とすると、○○○○（有名人）も、□□さん（クラスの人気者）のお母さんも、△△さんの弟も、みんな同じチームなんだね。同じチームの仲間としてリレーしているんだね。とってもダイナミックなリレーだね。

【③ バトン】

S：目覚まし時計（目覚まし時計のベル）。

S：朝（朝陽）。

【④ 目的】

S：地球を守っている。

S：どの国の人も争いなんてしないで、平和な世界であるように。

S：健やかで幸せな朝を迎えようとしている。

S：みんなが元気で、笑顔で新しい一日を過ごせるようにしている。

T：とっても素敵なリレーだと思いませんか。

この地球上で言えば、誰も彼もみな同じチームの選手として、同じ目的のもと、一緒にリレーを楽しんでいるのですね。地球上のみんなが仲間に思えて心強いですよね。

では、そのスケールの大きいダイナミックなリレーを想像しながら、各自で音読してみましょう。

一連の対句的な描写に対しては具体的にその様子を映像化させる問いを用意しました。その朝を迎える様子をメタファーで説明している二連では、そのメタファーを一つずつ繙いてみました。クイズを解くように問いかけ、オープン・クエスチョンとして自由に想像させ、発言させるとよいでしょう。

筆者が中学校教員をしていたときには、何回か保護者参観でこの詩を取り上げました。上記の、「□□さんのお母さんも、リレーの選手なんですね」というところは、実際に参観に来られている保護者の名前を入れました。そういった面白さを理解してくださるノリのよい保護者に呼びかけると、教室もよい雰囲気になります。

固有名詞を入れていくと、教室中に一体感が生まれるのです。

◉注

＊1　引用にあたり、三省堂　令和三年度版中学校教科書『現代の国語　1』を参照しています。

＊2　本実践は、佐藤佐敏（二〇二二：二二四―二二七）を再掲し、追記しています。

◉文献

佐藤佐敏　二〇二二　『国語科の学びを深めるアクティブ・リーディング　〈読みの方略〉の獲得と〈物語の法則〉の発見Ⅱ』　明治図書

第2章

実践編

読みの解像度を上げる授業の実際

方法①

音読のネーミング　音読の方法を考える（実践提供　手塚健斗）

「名前を見てちょうだい」（あまんきみこ[*1]）から

音読の仕方を考える授業は、小学校低学年のどの教室でも行っています。「ここのところ、どんなふうに読もうか」といった教師の問いかけに対して、「大きく読む」「怒ったように読む」と意見を交流した後、「じゃ、大きく怒ったように読んでみようか、さん、はいっ」といった流れで授業することが多いのではないかと思います。

このとき、その読み方に〈○○読み〉とラベルを貼ると、「〈○○読み〉で読むとね……」「〈○○読み〉したらね……」というように、その読み方が全体で共有され、授業のテンポがよくなります。

さらに、この〈○○読み〉の「○○」部分を擬態語や擬声語でネーミングすると、さらに、子どもたちの読みは活き活きとします。これは手塚健斗が行った実践記録の一部です。[*2]

T：「こら、ぼうし、まてえ。」と言ったときの、えっちゃんはどんな気持ちだろう。

C：焦る気持ち、「まてえ」からそう思う。

C：「いきなり」とあるからびっくりする気持ちだと思う。

C：心配していると思う。

……（中略）……

T：この単元の最後には、音読劇をするんだよね。えっちゃんのセリフ「こら、ぼうし、まてえ。」はどんなふうに読んだらいいだろうね。さっき考えたえっちゃんの気持ちをヒントに、考えてみようか。

C：心配している気持ちがあるから声を小さく読んだほうがいいと思う。

C：びっくりしているから、大きな声で。
C：焦る気持ちもあると思うから、少し速く読むよ。
……（中略）……
T：いろんな読み方が出てきた！ たくさん出てきてわからなくなってきたね。今、出てきた読み方に、名前をつけてみない？ 題名も「名前を見てちょうだい」って書いてあるし……。
T：先生の例を見てください。先生は、「ぼうしが飛んでいっちゃった、どこに行っちゃうだろう」って、えっちゃんは心配していると思うんだ。だから、（板書しながら）先生は〈ドキドキ読み〉って名前をつけたよ。
では、みんなも名前をつけてみてね。そのとき、「〈○○読み〉、理由は……から」と答えようね。
C：〈せかせか読み〉理由は、焦っているから。
C：〈焦り読み〉理由は、「さらって」とあるから。
C：〈びっくり読み〉理由は、えっちゃんはびっくりしているから。
C：〈イライラ読み〉理由は、えっちゃんが怒っているから。
……（中略）……
T：いろいろ出てきたね！ 今たくさん考えた読み方で実際に、音読してみない？ 前に、麦わら帽子を置いたよ、これが飛んでいってしまいます！ そしたら、それぞれの読み方で「こら、ぼうし、まてえ。」とセリフを読んでみましょう。今から前で発表できる人に手を挙げてもらうけれど、まずは〈○○読み〉を教えてね。
C：〈ドキドキ読み〉→（その場で早口で）「こら、ぼうし、まてえ。」
C：〈焦り読み〉→（その場できょろきょろしながら小さな声で）「こら、ぼうし、まてえ。」

C：〈イライラ読み〉→（教室の外に走っていき、大きな声で）「こら、ぼうし、まてえ。」

ここでは、音読の仕方をネーミング（ラベリング）するという手法を取り上げました。

物語のセリフに対して、登場人物の心情に則したネーミング（ラベリング）を促します。ここに挙げた〈○○読み〉は、子どもたちが実際につけた名前ですが、子どもたちは自分の身体実感に一番ふさわしい体験と言葉をリンクさせて、ネーミングします。それにより、子どもは、その〈○○読み〉に合う登場人物の心情の解像度を上げて音読していきます。特に、〈イライラ読み〉とか〈せかせか読み〉といった擬態語や擬声語を使ったネーミングが、その解像度をさらに鮮明にしていくようです。

ここで取り上げた手塚の授業では、子どもは、音読しながら、具体物として準備した麦わら帽子を追いかけ、教室を飛び出していきました。〈イライラ読み〉、〈せかせか読み〉というネーミングが成功し、それを具体化しようとした姿です。これは、物語内のセリフである「こら、ぼうし、まてえ。」に対して、自分の体験とリンクさせて、登場人物の心情の解像度を上げ、登場人物に同化した姿でもありました。

方法②　視聴覚教材の提示　本文と図像の対応を考える（実践提供　髙橋正充）

「馬のおもちゃの作り方」（宮本えつよし）[*3]から

説明書を読んでプラモデルや折り紙を製作するときは、まさに発信されている情報の解像度を上げて作業する必要があります。家庭の文化資本が問われることになりますが、親子で説明書を読みながら一緒にプラモデルや折り紙を製作するという経験はとても貴重だと言えます。育児雑誌の付録の「○○作り」などを親と一緒に経験している子どもは幸せだと言えるでしょう。

最近は、もの作りもすべて動画サイトで検索すると、わかりやすい動画が出てきます。料理なども、説明書を読む必要がなく動画を見ればよくわかる、そんな時代となっています。説明書を読んで、それを実際に製作するといったことは必要のない時代になってきているのかもしれません。

しかし、その一方、ホームセンターで買ってきて自分で組み立てる家具や、購入してきたＰＣの初期設定など、手順どおりに丁寧に進めないと困った事態になります。

小学校国語科二年の教材「馬のおもちゃの作り方」（光村図書）はタイトルどおり「作り方の説明書」です。この教材はただ読んで終わりとしても意味のない単元です。

髙橋正充は、「おもちゃづくり」の生活科の授業とリンクさせてこの「馬のおもちゃ」を実際に見せ、子どもたちに、「おもしろそう」「僕たちも作ってみたい」「私はキリンにして作りたい」と、自分たちも作ってみたいという思いを膨らませた後に教材を読ませました。

そして、実際に教材を読みながら、製作の作業に取り組ませたところ、子どもたちからは次のような困った声があがりました。実際に作ってみると、作り方がわからず立ち止まってしまう子どもや、作り方を間違えてしまう子どもが続出したのです。以下は、髙橋学級の教師と子どものやりとりです。

Ｃ：縦に切るのかな、横に切るのかな。本文を読んでいるけどわからないな。
Ｃ：切り方を間違えて、変になった……。
Ｃ：あれ、私の馬、足が短いよ……。
Ｔ：どうして作り方を間違えてしまった友だちが多かったのかな。
Ｃ：「空きばこから、四センチメートルずつ四つ切り出しましょう。」って書いてあるでしょう。この文章だと、縦に切るのか、横に切るのかわからなかったんだよ。

Ｃ：馬の足を作るところは、写真が一枚しかなくてよくわからなかった。
Ｔ：じゃ、どんなふうに書いてあったら、間違わなくてよかったんだろう。
Ｃ：写真やイラストを増やせばいいよ。
Ｃ：動画にしたらいいじゃん。
Ｔ：じゃ、もう少し詳しく、どんなふうに直したらいいか、聞かせて。
Ｃ：僕さ、作るときに箱を縦にして切るのか、横にして切るのか迷ったの。だから、本文を「空き箱を横向きにして、縦に切ります。」みたいに直すと、わかりやすいと思ったよ。
Ｃ：「はしを合わせて」の「はし」って、いろいろな意味があるよね（「橋」と「箸」と「端」を意味している）。こういう言葉って、わからなくなるじゃん。僕だったら「はじっこ」って直すよ。
Ｃ：箱の向きだけど、イラストがないと言葉だけではわからないよ。
Ｃ：確かにね。イラストがあれば、誰でもすぐにわかるよね。
Ｃ：本文に写真がない箇所があるね。
Ｔ：どういうこと？　もっと詳しく教えて。
Ｃ：本文には「ホチキスでとめます。」って書いてあるけど、その写真がないよ。どこを止めればいいかわからなかったから、イラストにして追加するといいと思う。
Ｃ：写真やイラストもいいけど、ロイロノートで書くなら動画があるとわかりやすい。
Ｃ：すぐにわかる説明書にするには、イラストがたくさんあるといいね。
Ｔ：相手がすぐにわかるような〈説明のコツ〉の一つを見つけられたね。
Ｃ：馬の体や足になる部品を作る説明は、大きく分けて三つの作業に分けられると思うよ。
Ｃ：それぞれにイラストがあるとわかりやすくなりそうだね。

髙橋学級の子どもたちは、工程ごとにイラストがあるとわかりやすいのではないかと予想し、実際にイラストを描いて検討してみることにしました。イラスト化することで、文章で書かれていることを、よりイメージしやすくなりわかりやすくなると気づき、説明文を書く際の〈説明のコツ〉として、一つの作業ごとに一つのイラストが対応するとわかりやすいと結論づけたのです。他の工程についても、文章の内容をイラストに表すことによって、よりわかりやすくなると考えた子どもたちは、学習支援アプリ「ロイロノート」を活用して、本文に書かれた内容と、授業者が描いたイラストとを結びつけていきました。

説明文どおりに道具を使い、作品を製作するという作業は、思いのほか難しいものです。本来であれば、文字記号のみで説明された文章で、正確に作業できるとよいものでしょう。

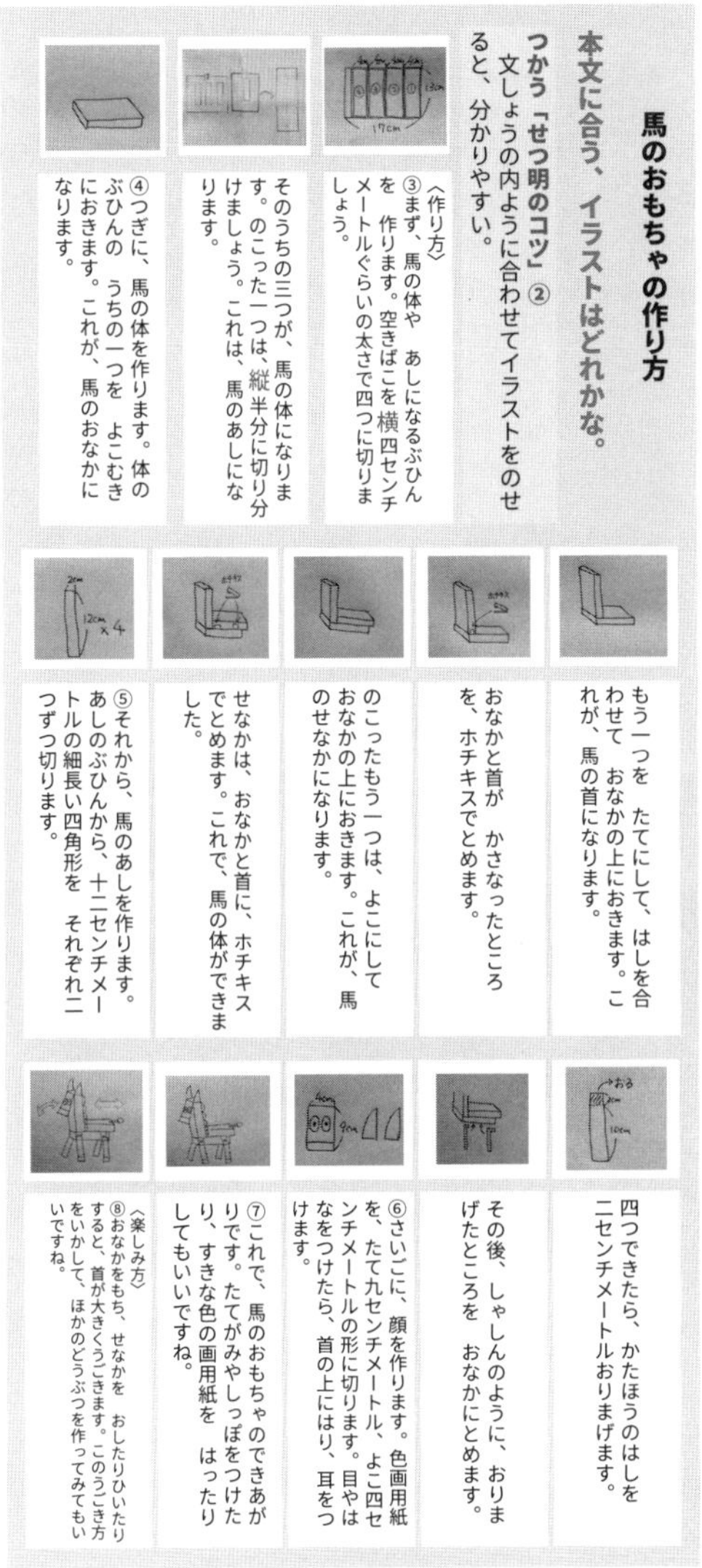
馬のおもちゃの作り方

本文に合う、イラストはどれかな。

つかう「せつ明のコツ」②
文しょうの内ように合わせてイラストをのせると、分かりやすい。

〈作り方〉
③まず、馬の体や　あしになるぶひんを　作ります。空きばこを横四センチメートルぐらいの太さで四つに切りましょう。

そのうちの三つが、馬の体になります。のこった一つは、縦半分に切り分けましょう。これは、馬のあしになります。

④つぎに、馬の体を作ります。体のぶひんの　うちの一つを　よこむきにおきます。これが、馬のおなかになります。

もう一つを　たてにして、はしを合わせて　おなかの上におきます。これが、馬の首になります。

おなかと首が　かさなったところを、ホチキスでとめます。

のこったもう一つは、よこにしておなかの上におきます。これが、馬のせなかになります。

せなかは、おなかと首に、ホチキスでとめます。これで、馬の体ができました。

⑤それから、馬のあしを作ります。あしのぶひんから、十二センチメートルの細長い四角形を　それぞれ二つずつ切ります。

四つできたら、かたほうのはしを二センチメートルおりまげます。

その後、しゃしんのように、おりまげたところを　おなかにとめます。

⑥さいごに、顔を作ります。色画用紙を、たて九センチメートル、よこ四センチメートルの形に切ります。目やはなをつけたら、首の上にはり、耳をつけます。

⑦これで、馬のおもちゃのできあがりです。たてがみやしっぽをつけたり、すきな色の画用紙を　はったりしてもいいですね。

〈楽しみ方〉
⑧おなかをもち、せなかを　おしたりひいたりすると、首が大きくうごきます。このうごき方をいかして、ほかのどうぶつを作ってみてもいいですね。

図27●工程ごとのイラスト

しかし、それは意外と難しいことであり、子どもたちは、このテクストとイラストを結びつける活動を通して、本文をよりわかりやすいように修正したり、オリジナルのイラストを描いたりできました。

続けて髙橋学級では、生活科で自作したおもちゃについて、小学校一年生にその作り方を紹介する活動を組織しています。単なる読解で済まさず、発信型授業としたのです。自作のおもちゃの説明書を書く作業を行うとき、子どもたちからは、「この本文には、もっと〈説明のコツ〉があるよ」という声があがり、本文を読み返して子どもたちは、次のようにテクストを評価しました。

馬のおもちゃの作り方

※読んですぐ分かるような説明のコツを見つけよう。

見つけた「説明のコツ」

説明のコツ①
イラスト（写真・動画）をたくさんのせると、すぐに分かる。

説明のコツ②
作ぎょう（本文）に合わせてイラストをのせると、分かりやすい。

説明のコツ③
あい手に合わせて分かりやすい言ばにすると伝わりやすい。

説明のコツ④
見出し・じゅんじょを表す言ば（**＋何を作るか**）・「**はじめ・中・終わり**」をつかうと分かりやすくなる。

図28●「馬のおもちゃの作り方」の説明のコツ

図29●子どもが製作している馬のおもちゃ

・見出しがあると、何が書いてあるかすぐわかります。
・〈ざいりょうとどうぐ〉のところが箇条書きになっているのも、わかりやすいです。
・「まず」「次に」のような順序を表す言葉の後は、次に何を作るのかを書くとわかりやすい。はじめに、何を作る工程かをはっきりさせておくことで、心の準備ができます。

髙橋学級では、このように、新たに発見した〈説明のコツ〉も使ってイラストを加えながら、生活科で作成したマイおもちゃの説明文を書き、おもちゃと一緒に一年生にプレゼントしていました。

方法③

図示化　作品世界を地図にする（絵巻物を書く）（実践提供　元井啓介）

「トロッコ」（芥川龍之介）[*4]から

中学校一年生の教材「トロッコ」には、良平の心情とリンクした数多くの情景描写が登場します。元井啓介は、良平の走った道を絵巻物にまとめるという学習活動を組織しています。

絵巻物は現在の子どもたちからは縁遠い古典世界のものだろうというのは大人の感覚で、普段から漫画に親しんでいる子どもたちは、一枚の中に同じ人物が複数回描かれることに違和感はないようです。社会科で学ぶ「鳥獣戯画」も、説明を省く手助けをしてくれます。

一本の線路を往復する物語である「トロッコ」では、絵巻物として様々な場面を一枚のマップにする（地図化する）ことで、作品世界の解像度が上がります。

元井は、実際に絵巻物を描かせる際に、次のような注意を添えました。

○絵だけでなく文字も入れましょう。
○解説や想像、描きながら気づいたこと（〜かも？　など）も自由に書き込んでかまいません。
○色も塗りましょう。
○場所・人物など本文の表現は□で書き込みましょう。
○セリフは通常の「吹き出し」で、登場人物の心情は「心情吹き出し」で書き込みましょう。
○あなた（生徒）の解説や想像、気づいたことはワクをつけず、そのまま書き込みましょう。

絵巻物を書くことで（地図化することで）、元井実践の生徒たちは、学習プリントに次のような記述を残しています。黙読（音読）しただけでは気づかなかったことですが、意外と面白い気づきを示しています。

【物語の全体について気づいたことを書こう】

S：道のりが意外と長い。
S：前半は明るい、後半は暗い。
S：良平は帰ってくるけど、トロッコの線路はずっと続いていく。
S：茶店は二つある。
S：日金山や岩村など、実在の地名が使われている。
S：季節は二月中旬だった。
S：良平と土工だけだと思っていたけど、弟や女衆などの登場人物がいた。

【一つ一つの表現について、気づいたことを書こう】

S：板草履を脱いで裸足で走ったんだと思っていたら、足袋を履いていた。

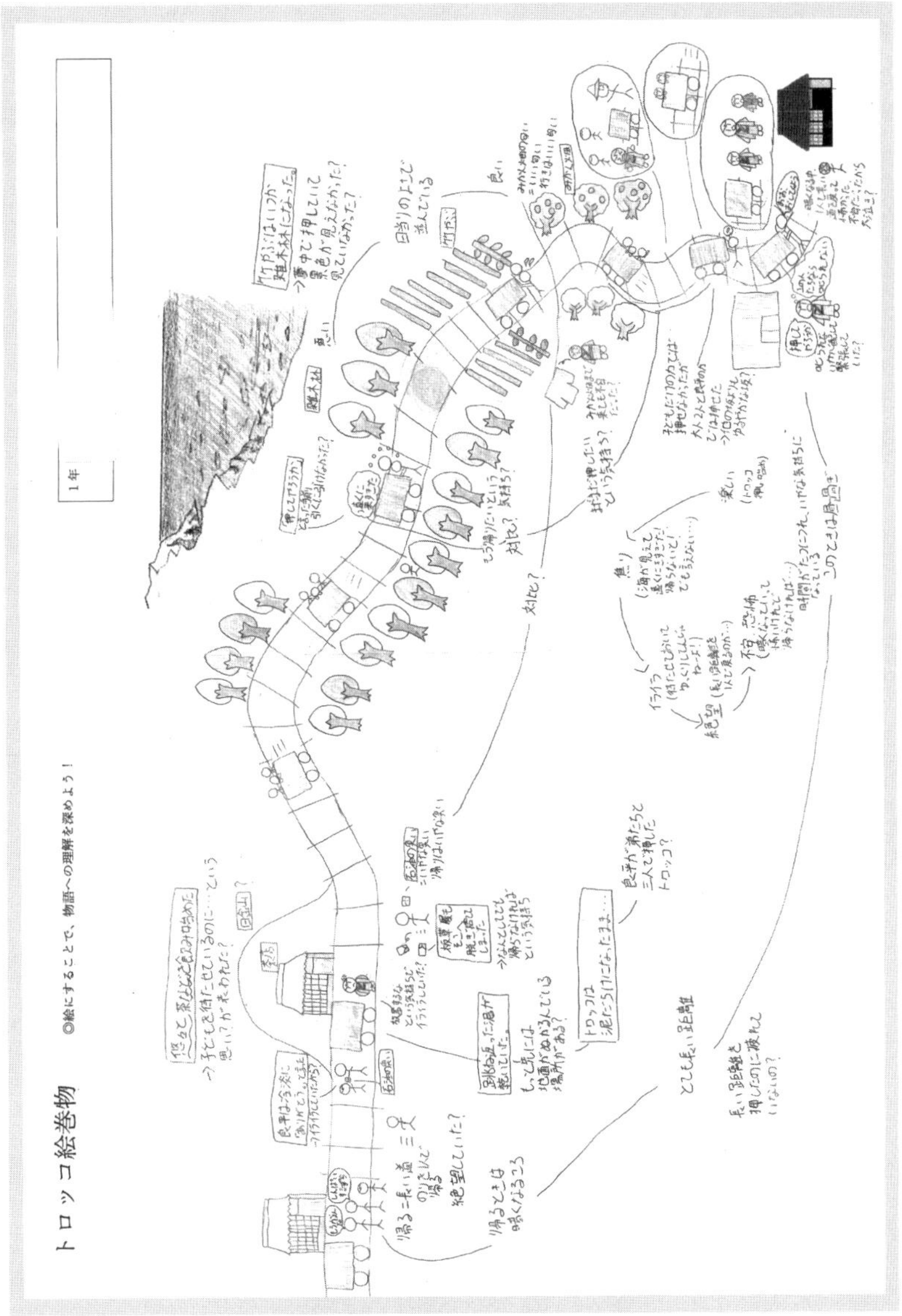

図30●生徒作品：トロッコ絵巻物

S：床屋とか雑貨屋があるということは、村というよりけっこう大きい町では。
S：トロッコに泥がはねていることに気づいたから、かなり長い時間じっと下を向いている。
S：家の門口は薄暗かった、実は明るくない。
S：良平は頭から汗の湯気が出るほど必死で走っている。
【表現同士のつながりについて、気づいたことを書こう】
S：行きはみかんのよいにおい、帰りは石油のいやなにおいの対比。
S：最後の門口で泣いているときの顔はどう描けばよかったのか、うれしい？　不安？
S：石や落ち葉などがあって、線路がけっこう荒れている。
S：みかん畑∨竹やぶ∨雑木林の順に日当たりのよさで並んでいる。
S：良平以外の人物の心情は一切書かれていない。
S：菓子を捨てたのはどうしてなんだろう。

素朴な気づきもありますが、どれも作品世界の解像度を上げたからこそ見えた気づきと言えるでしょう。

元井は、「各自が気づいたことについて意見交換し、さらに発見を深めよう」という課題のもと、完成した絵巻物を披露しながら話合いをさせています。その一つのグループの様子を紹介します。

A：（絵を見て）おお、ここまで広げるアイデアはなかったわ。すごい。
B：入らなかったんだよね。
A：線路は画面の外まで広がっているんだね。
C：え～すごいね。なんか表現の仕方が自由だね。

B：苦労したのは、竹林から雑木林へは、「竹やぶはいつか雑木林になった。」って書いてあるから、くっきり境目がなくて、それを絵で描くのが難しかった。
A：おお。そういうこと。
C：いつの間にかってことは良平も気づいてないのか、他のこと考えてたのかな。
A：かもね。「もう帰りたい」とか。
B：あと上り下り。「右に海が見える」って書いてあるから、どうやったらつながるんだろうって。他には、「泥だらけ」ってとこ。だからトロッコの下の方の色を濃くして描いた。
C：確かに。細かい。
B：あとは茶店が二つあったから、場面を変えて描いた。ちょっと色変えて。
A：すごいね。
B：他には、たくさん変化するんだなって気づいた。周りにあるものが。みかん畑とか、いっぱい。
A：なるほど。他には？
B：海が見えるんだけど、入ってないのに「広々と薄ら寒い海」とか書いてあって、絵にするときに広げてみた。

……（中略）……

B：絵を描いてて、良平の様子を読むと憧れだったはずの土工に対してイラついているんだよね。憧れから苛立ち。
A：苛立ち。憧れの人にイラつくって相当だね。
D：私は、自分が描いてても気づかなかったことが描かれてすごいなと思った。泥がはねてるトロッコとか、上り下りとか。

C：奥行きとか崖の向こうに海が広がってる、とか気づかなかったな。
B：周囲にもいろいろなものがあるけど、足下にも落ち葉とかけっこうあるよね。

元井は波線部分を「新たな発見」と捉えて学級全体で共有しています。そして、淡々と描かれる描写に焦る良平の心情が巧みに投影されていることに気づかせています。この話合いから、作画という言語活動はゴールだったわけではなく、作画を通した気づきを共有することに本実践の意味があることが伝わってきます。

ある生徒は、「みかん畑、竹やぶ、雑木林の順番に描く」ということを通じてその順番に目を向けました。元井はそこで、みかん畑を描いているその生徒に、「最初に雑木林じゃだめなのかな」と聞きました。

絵で表現するために「みかん畑」を画像検索すると、青空の下でさんさんと陽に照らされる果実が表示されます。日当たりを良くし、果実の生長を促すために枝も整えられているのでしょう（冬に雪が降る新潟では、みかん畑は周囲にありませんから、新潟の子どもたちにはそのイメージがありません）。実際に検索してみると、雑木林は落葉樹か常緑樹かで違いますが、常緑樹の場合は、うっそうと茂る木々で日陰が多く、薄暗い画像も表示されます。視覚的な情報を並べてみてはじめてわかる、表現の意図が見えてきます。

他にも、印半纏、板草履、足袋、羽織、新聞紙の菓子包みなど、令和の子どもたちには馴染みのないものも登場します。それらについても図示化することで、（西暦何年頃、と数字で示されるよりも）鮮やかに、実感をともなって時代背景と生活状況が見えてきます。一方で、良平の村の「雑貨屋だの床屋だの、明るい家」を描こうとすれば、ランプがないほどの昔ではないことも理解できます。良平が田舎暮らしだったことが捉えられると、ラストシーンで描かれる「東京」の「雑誌社の二階」で働くこととの対比も鮮やかに見えてきます。

元井実践では、スタートとゴールとなる良平の家と海（崖）だけを記載した白紙に上書きする形で絵巻物に取り組みました。生徒の状況によっては「線路だけ描いておく」とか、「線路を描く人と、良平の姿を描く人に分け、できた絵を組み合わせて完成させる」といったアレンジも可能です。分けて描いた場合、実際に組み合わせる際にさらに解像度が上がることも期待できます。

方法④

劇化　ホット・シーティング（実践提供　遠藤正笛史）

「少年の日の思い出」（H・ヘッセ[*5]）から

次に、中学一年生教材「少年の日の思い出」を取り上げます。「少年の日の思い出」は一九四七年の国定教科書に掲載されてから、現在では全出版社の中学校国語教科書に掲載されています。そして、すべての教科書において、語り手に着目して読む「読みの方法」が示されていますが、ここでは、ホット・シーティングという手法で、解像度を上げて文字記号を受信する実践を紹介します。[*6]

ホット・シーティングとは、ホット・シートと呼ばれる椅子に座った人が、物語に関わる人物になりきって質問の受け答えをするという演劇的手法を用いた学習です。いきなり中学生にホット・シーティングをさせても上手くはいかないことでしょう。そこで筆者は、まず筆者の研究室の大学生たちで「星の花が降るころに」（安東みきえ）でホット・シーティングをして、生徒が躓くであろう箇所を確認し、その成否を握るポイントを整理しました。そのうえで、遠藤正笛史教室で中学生を対象として、大学生のホット・シーティングをモデル（見本）とした映像を視聴させた後に、次頁の資料「ホット・シーティングのコツ」を生徒に提示し、遠藤に実践してもらいました。

遠藤が担当する学級では、一グループを四人編成にして、ホット・シートに座る人を、次の登場人物として設定しています。「僕（幼年時代の「客」）」、「エーミール」、「客」、「作者（ヘルマン・ヘッセ）」です。

ホット・シーティングのコツ

穏やかな空気で，楽しくやりましょう。

1　ホット・シーティング全体に関わること

- □　物語文を読み込んでくること。
- □　一問一答にしないこと。
  誰かの質問や回答に対して，それに関わるツッコミを入れて，質問と回答を続ける（友達の質問に便乗してもよい）。
- □　間をおかずに，テンポよくやること。　盛り上がります！
- □　物語本文やノートを確認しながら質疑応答してもよい。
- □　回答に困っているようだったら，「・・・・・・・だったよね。」と誰かが助けてあげる。

2　質問者に関すること

- □　質問をたくさん考えてくること。
- □　物語本文を根拠に質問をすること。
- □　友達の質問に付け加えて質問してもよい。

3　ホット・シーター（回答者）に関すること

- □　予想される質問に対する回答を考えてくること。
- □　物語本文を根拠に回答をすること。
- □　物語本文に書かれていないことを聞かれたら，自分が創作した回答をしてもいい。
- □　答えられない質問の場合には，「あなたは，どう考えているの？」と質問者にふってもよい。

『少年の日の思い出』の役割分担

①　僕（幼年時代の「客」）・・・・・・（　　　　　　　　　　　　）
②　エーミール・・・・・・・・・・・・（　　　　　　　　　　　　）
③　客・・・・・・・・・・・・・・・・（　　　　　　　　　　　　）
④　作者・・・・・・・・・・・・・・・（　　　　　　　　　　　　）

図31●「少年の日の思い出」におけるホット・シーティングのコツ

四つの学級で実施し、いずれの学級においても、楽しく豊かな活動の様相が見られました。その一部を紹介しましょう。いずれも四人グループで質問者は交替しながら質問しています。

〈「僕（幼年時代の「客」）」でのホット・シーティング〉

質問者：「エーミール」の部屋に勝手に入って、「チョウ」を壊したわけじゃないですか。そのときの感情はどうだったの？

僕　：あのときはあんまり覚えていないんだけれど、自分でも本能的に動いていた感じがして、「チョウ」が見たいという気持ちだけに囚われて動いていた気がするんだよね。

質問者：「チョウ」を壊してから、「エーミール」のことをどう思っているの？

僕　：できれば「エーミール」と仲よくなりたかったけれど、軽蔑されたような目で見られていたわけだから、結局自分がした過ちを償えないんじゃないかと思い、あまり仲よくなれないのかなと感じているよ。

質問者：「チョウ」を盗んで壊したわけだけど、そのときに謝ろうとしなかったのはなぜ？

僕　：自分は悪くないみたいに思っちゃって、本能的に動いたわけだから自分でも何をしたのか受け止められていないのと、あと、(「エーミール」は）憧れだし、恨んでいた部分もあったから、謝りたくなかったという部分があったんだ。

……（中略）……

質問者：お母さんに謝ってきなさいと言われていたけど、自分から謝ろうとは思っていたの？

僕　：正直、模範少年だったんで、「エーミール」に謝る気持ちにはなれなくて……。クジャクヤママユがかわいそうだなって思って……謝る気持ちはなかったけど、申し訳なさはあったかな……。

質問者：じゃあ、「エーミール」に対してではなくて、クジャクヤママユに対して謝ろうと思ったの？

僕　：うん。「エーミール」に対しても申し訳なさはあったけど、正直謝ろうとは思いませんでした。

……（中略）……

質問者：なんで最後、「チョウ」を潰したんですか。

僕　：取り返しのつかないことをしてしまったので、「エーミール」と同じ方法で（「クジャクヤママユを潰したのと同じ方法で」の意か）せめてもの償いをするために、自分の手で「チョウ」を粉々に潰しました。二度と少年時代のことを思い出したくないから……。

質問者：「エーミール」を「永遠の○○」に喩えたら何になりますか。

僕　：永遠の？　何だろう……。

質問者：「ライバル」とか？

僕　：あぁ、確かに。うん、「永遠のライバル」かな。

このグループの「僕」役の生徒は、道徳的な解釈に陥らず、テクストに沿った解釈を述べています。『僕』が、実質的に『エーミール』に謝罪していないこと」をホット・シーティング前に行った授業で確認しているわけですが、その学びが生きている答弁であると言えます。最後の「『エーミール』を『永遠の○○』に喩えたら何になりますか」といった質問は自由に回答してよい質問ですが、このような対話がなされることで新たな読みの世界が創出されることがあります。大学生が行った教材「星の花が降るころに」のホット・シーティングでは、「夏実」に対して「誰か好きな人はいるの？」という、テクストとなんら脈絡のない質問が挙がり、「夏実」役の回答者が咄嗟に「戸部くん」と回答しました。その回答により、その場にいた全員に「なるほど、二人の関係がギクシャクしたのは、それが原因だったんだね……」という合点のいった笑いがこぼれました。そういったアドリブが、作品世界をさらに豊かに彩ることがあるのだと思われます。

次に、遠藤実践における「エーミール」と「客」、「作者」のホット・シーティングを紹介します。

〈「エーミール」でのホット・シーティング〉

質　問　者：なぜ、「僕」が持ってきたコムラサキに難癖つけたんですか？
エーミール：（「僕」が）自慢したのが気に食わなかった。珍しいから持ってきたみたいな、全然展翅とかあんまりよくないのに持ってきたから。なんか「あぁ」とか思って……。
質　問　者：「そうかそうか、君はそんなやつなんだな。」と言っていたけど、「そんなやつ」とはどんなやつですか？
エーミール：（「僕」とは）「チョウ集め」をしているという共通点があったし、「チョウ」に対する気持ちとか、「熱情」があったのは知っていたけれど、それなのに自分の「チョウ」を（実際に手で握り潰す動作をしながら）ぐしゃっと握り潰してしまって、そういう扱いをするんだなというがっかりした気持ちです……。
質　問　者：クジャクヤママユを壊してしまったときに、怒らなかったのはなぜですか。
エーミール：「がっかり」とか「軽蔑」とか……、（「僕」が）こんなやつだったんだと思ったから、何も思わなかった（怒る思いにならなかったという意味と思われる）。
質　問　者：でも、実はちょっと怒ってた、みたいなのはあった？
エーミール：あっ、ちょっとだけ。だって自分が羽化させた有名な「チョウ」をみんなに見せびらかす機会がなくなったわけだから。
……（中略）……

質　問　者：「エーミール」は「僕」と違って、「チョウ集め」について量より質という感じがするんですけれど、(「エーミール」の「チョウ集め」を「僕」の)「熱情」みたいに表せる表現はありますか。
エーミール：僕にとっても「宝物」という感じ。「チョウ」を集めることが、生きがいみたいな感じ。
質　問　者：展翅の高い技術はどうやって身につけたんですか。
エーミール：「チョウ」を大切にとっておくためにもそういう技術が必要かなと思って、お父さんから学んだりしました。

〈「客」でのホット・シーティング〉

質問者：(「チョウ」を潰したことについて)「私(客)」はずっと後悔していますか。
客：潰してしまったことによって、「チョウ集め」をやめるという選択をとったので、それによって少年時代がなくなったような気がして後悔しています。
質問者：なんでそれを人に話そうと思ったの？
客：過去のことだし、「チョウ集め」は少年時代の象徴のようなものだったので、そのときの後悔とかを周りに伝えて楽になれる気がしたから。
質問者：この後、また「チョウ」を収集する予定はありますか？
客：いや、もうやらないです。「チョウ集め」は少年時代にやっていたことで、潰したことで少年時代と決別したので、もう集める気はないです。
質問者：もし今、「エーミール」に会ったら謝りますか？
客：はい。当時、部屋に勝手に入ったことやクジャクヤママユを潰したことについて、説明しただけで謝らなかったということもあるので、改めてちゃんと話したいなという思いがあります。

……（後略）……

〈「作者」でのホット・シーティング〉

質問者：「僕」を表現するために工夫したことはありますか？

作　者：「熱情的な」と言ったところ。「情熱的」ではなく「熱情的」というところであったり、「チョウ」を「宝物」や「獲物」と言っているところで、「チョウ集め」に対する「熱情」が感じられたらいいんじゃないかなと思います。

質問者：なんで「チョウ」にこだわったのですか（モチーフを「チョウ」にしたのですかの意か）？

作　者：壊れやすかったり、いろいろな個体がいたりするわけで、そういう珍しさや「宝物」と表現をするために「チョウ」（にしました）。

質問者：じゃあ、物語を書いていて、ここは「チョウ」じゃなかったらだめだっただろうというところはありますか？

作　者：やっぱり、盗んだり、「僕」が最後に粉々にしたりするところは「チョウ」じゃないと表現できなかったのではないかと思います。

質問者：（「作者」自身が）好きなシーンはどこですか？

作　者：「僕」がクジャクヤママユを見て、すごい細かい描写で観察しているシーンがよくて……。そしてその後に、私の頭の中では「僕」が瞬きせずに、（実際に「チョウ」を取るシーンを動作化しながら）ふわーって（「チョウ」を）取っていくシーンが浮かんでいるんです。そこのシーンの描写とかすごい好きです。

……（中略）……

質問者：なんで「そうか、そうか、つまり君はそんなやつなんだな。」と（「エーミール」に）言わせたんですか？

作　者：この「僕」と「エーミール」の対比っていうのは、少年である「僕」と大人びている「エーミール」で……大人だったら怒鳴ったりせずに、冷静に対応するはずだというので、このセリフを入れたんですけど……。まだ「エーミール」とて少年ではあるので、語彙力が足りない感じと、「ちぇっ。」と舌打ちしている感じが、少年と大人の間で揺れている感じになるかなと思って（言わせました）。

あるグループの活動では、回答者は一貫して「本能」という言葉を使って、「僕」の心情を述べています。「チョウ」を盗み、壊し、謝るという一連の場面に整合性をもたせるために、「本能」という言葉が一番適していると判断したのでしょう。登場人物の心情を豊かに解像度を上げて理解しようと努めて回答している姿がありました。

また、回答者は答えながら、表情を豊かに変えたり、「チョウ」を握り潰す動作をしたりしています。文字記号で受信した登場人物の心情や行為を動作化することで、解像度を上げて物語世界に没入しようとしていたのでしょう。

さらに、語り手である「僕」の視点で読み進めた物語を、「エーミール」や「作者」といった別の視点で捉え直すことは、同化していた視点人物の客体化を促します。例えば、「そうか、そうか、つまり君はそんなやつなんだな。」という叙述でも、そのセリフを言った「エーミール」の心情を答えるのか、それとも、語り手が込めた意図を語らせるのかで読みの世界は変わってきます。一つの叙述を、多角的に再考する場を設けることで、Aカメ（メインカメラ）、Bカメ（サブカメラ）、Cカメ……と複数のカメラから作品を切り取るように、物語の輪郭がさらにクリアになってきます。ホット・シーティングを通して、物語世界を具像化する解像度がより鮮明になり、その心情や人物像を立体的に捉えることが可能となるのです。

ただ、補足しておきますが、残念ながらすべてのグループでここに記したようなホット・シーティングが行われたわけではありません。遠藤は、一つのホット・シーティングの時間を三分半～四分に設定していましたが、時間が足らなくなるくらいに盛り上がるグループもあれば、二分ほどで終わってしまったグループもあります。同じグループにおいても、質問者たちの質問内容や、回答役の表現力によってテンポよく深みのある話合いになったケースもあれば、そうでないケースもありました。

成否を握るポイントはいくつかありますが、一番大切なのは、生徒たちが事前に作品を読み込んできているることでしょう。また、ホット・シーティングをするまでの授業でどのような読みの追究が行われてきたのかが、大きく影響を与えます。ここに記した遠藤学級のように、生徒たちが作品を読み込んでいれば、ホット・シーティングで交わされる対話は、脱線や逸脱も許容される範囲で済みます。

そのうえで深読みや曲解もある程度おおらかに認めることで、ホット・シーティングは、突拍子もない質問で思わぬ地点に着地する読みの面白さを味わうことができるのです。

方法⑤

五感の活用　芭蕉の推敲過程を分析する（実践提供　升山瑛美）

現行版中学校国語教科書では、二年時に「短歌」、三年春に「俳句」、三年秋～冬に「和歌」と「おくのほそ道」[*7]が配列されています。「短歌」の学びを活かして「俳句」を学び、そして「和歌」と「おくのほそ道」

につなげていく単元系列です。古典では、「昔の人々のものの見方や感じ方」に触れることが学習内容として増えますが、それまでに習得した短詩の読み方や鑑賞の方法をどれほど活用できるかということが鍵となります。短詩では特に、感性を研ぎ澄まし五感を用いることで、詠み手の体感した世界を追体験し、自分に引きつけて情景を考えることができるようになります。何を見ているのか、どんな音が聞こえるのか、肌に感じるものはないか……など五感をフルに活用することで、作品世界の解像度が上がり、詠み手を媒体としながら昔の人々との対話が深まっていきます。

ここでは、升山瑛美が行った芭蕉の俳句の授業を紹介します。

第一時

Aの句　山寺や石にしみつく蝉の声
Bの句　さびしさや岩にしみ込蝉のこゑ
Cの句　閑さや岩にしみ入蝉の声

T：今日は解像度を上げて俳句を鑑賞しましょう。
この三つの俳句はみな芭蕉が作った俳句です。初案と再案と成案です。芭蕉はどの句に仕上げたでしょう。

……（中略）……

T：Bの句についてわかったことや考えたことを教えてください。
S：蝉の声が聞こえているのにさびしいとはどういうことなんだろう。
S：もう蝉が一匹しか残っていない。秋に近づき他の蝉は死んで、一匹しか残っていないからさびしいと感じているってこと？
S：蝉は一匹？
S：遠くでは、いっぱい鳴いているんじゃないかと思う。目の前にいないから声が小さくてさびしく感じてるとか。
S：蝉の声が岩に吸収されるくらい静まりかえっていて、その空間にいる自分がさびしいということだと思う。
……（中略）……
T：では、Cの句はどうですか。
S：「しみ入」という言葉のイメージは、岩に入っていってその後すーっと消えていくというイメージ。だから、蝉の声は透き通った声なんじゃないかと思う。
S：①Aの「しみつく」だとねっとりしていて粘度が高そう。
S：「閑さ」という言葉から、二、三匹しか蝉はいない。他の虫の声が一切聞こえないという状況だと思う。だんだん秋になるという季節の移り変わりを感じる。
……（中略）……
T：では、実際に芭蕉が、最後に残した句はどれだと思いますか。なぜそれだと思うか理由も書いてください。

紙幅の関係で割愛しますが、この話合いでは、視覚と聴覚を活用して蝉の数を想像したり、「しみつく」「しみ込」「しみ入」を比較したり、様々な観点で解釈が交流されました。波線①「……粘度が高そう」というのはまさに肌感覚で作品を味わった言語化であり、こういった解釈が交流されると読みも深まります。

さらに聴覚を活用すると「いわにしみいる」という成句は、七文字の中に「イ音」が五文字も使われており、暑い最中《さなか》の清涼感があります。また、「うるさい蟬が鳴いている」山寺で芭蕉は「閑さ」を感じているという芭蕉の平穏な心持ちが絶妙なオクシモロンとしてはまっています。芭蕉は、「句整はずんば舌頭に千転せよ」と言っています。Aが初案であり、Bが再案、Cが成案として現代に伝わっており、これは推敲のお手本とも言えるでしょう。

第二時

Aの句　五月雨をあつめて早し最上川
Bの句　五月雨をあつめて哀し最上川
Cの句　五月雨をあつめて涼し最上川

T：では、最初にAについて気づいたことや考えたことを教えてください。
S：今現在雨が降っていると思います。
S：私は、雨はやんでいて、川が増水していると思います。
T：増水していると川はどんなイメージですか。
S：濁っている。
S：流れも速い。
S：「早し」と言っているように、他の俳句と比べて唯一視覚で流れの動きに注目している。だから川の近くで見ていると思う。
T：近くといってもいろんなパターンがありますね。どこで芭蕉は見ていると思いますか。

S：舟に乗っていると思う。②舟で自分も動いていて、「すごい、速い!!」と感じている。ついでに風もあって、風も感じられる。

S：陸地から離れた高台で見ていると思う。水が増えた川は危険だから渡れない。だから、川が落ち着くのを見ている。

T：芭蕉がいる場所によっても、この俳句の図像も変わりますね。

……（中略）……

T：Cの句はどうですか。

S：雨が降り終わって涼しさを感じているんだと思う。

S：今の暦で言う七月一九日なので気温も若干高いと思う。夏だから川付近は避暑地［ママ］になり、③涼しいのだと思う。さっきまで雨が降っていて、今はやんでいる。まだ、川は渡れないけど涼しいからいいやという旅の楽しさを感じる。AやBよりマイナスの感情が少ない。

T：山形の天候はどうなのでしょう。

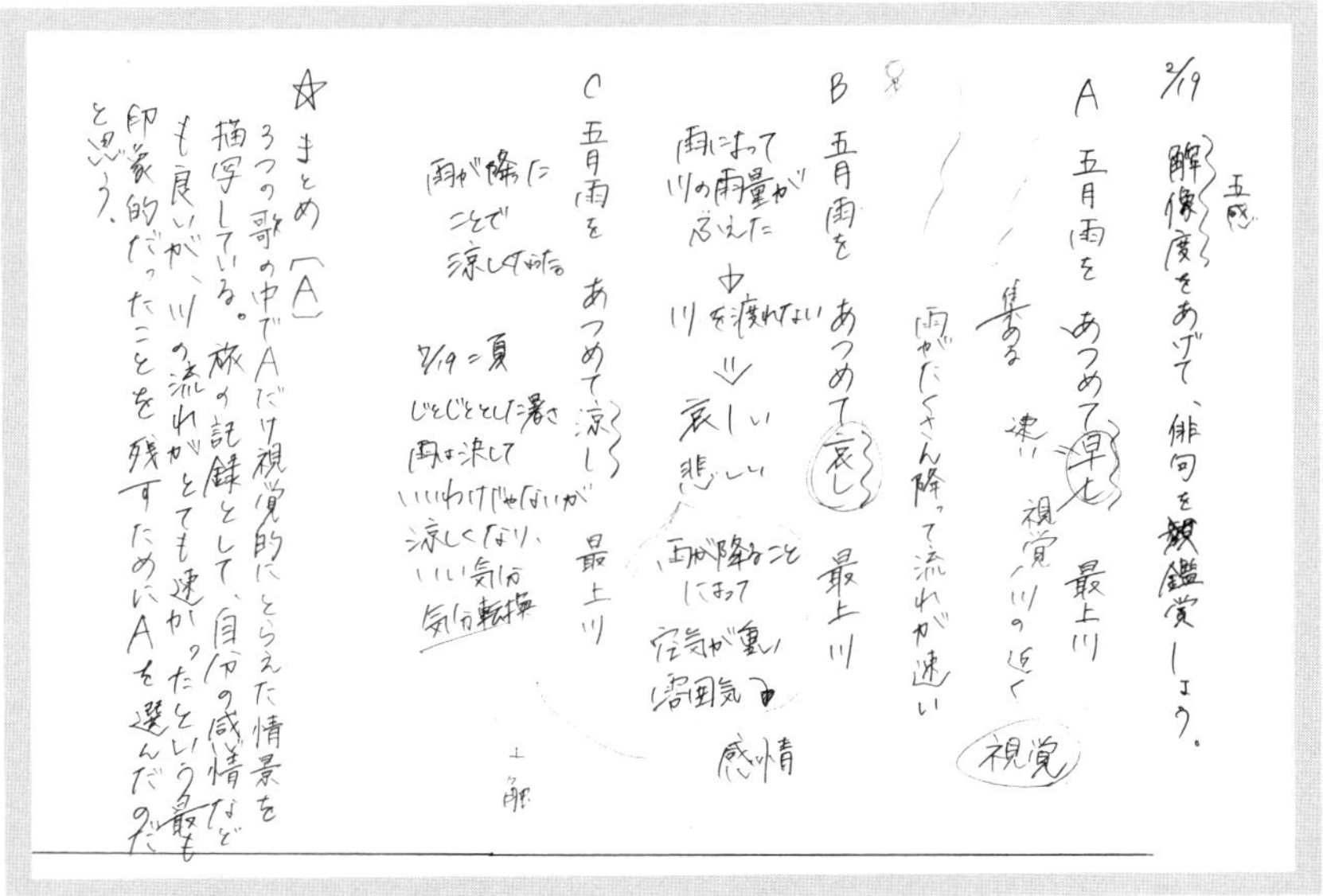

図32●生徒のノート：芭蕉の俳句の鑑賞

S：夏は暑いな。盆地だから。

……（後略）……

まず、事実をお伝えしますと、芭蕉は、最初「涼し」で発表しています。そして、最上川の船下りをした後、「おくのほそ道」にて「早し」に推敲しました。「哀し」は芭蕉作ではなく指導者が加えたダミーです。

升山学級の生徒たちは、これまでの短歌や俳句の授業で習得した五感を使って鑑賞しています。そして、授業者升山は生徒の発言を捉えながら、「作者の位置」や「天候」という補助線を引くことで、その図像化を豊かなものにしています。波線②のように触覚を活用して舟上で感じた風について述べている生徒がいますが、実際に勢いのある川下りをした経験のある生徒であれば、「水しぶきがあがって怖かったと思う」「冷たい水しぶきが気持ちよかったと思う」といった意見も交流されることでしょう。

また、今回は三つの俳句を提示したことで、生徒の中で自然と比較読みが行われました。「哀し」「早し」「涼し」という形容詞一つの違いで広がる映像が異なってくるわけですが、その比較をすることで五感が刺激されました。その結果、作者の描いた情景や心情と生徒の生活実感とが重ね合わされ、俳句に描かれた世界観に生き生きと没入することができています。波線③「……川は渡れないけど涼しいからいいやという旅の楽しさを感じる」といった生徒の解釈は、芭蕉の俳句からよい意味で離脱し、自分の物語を創出している姿です。

方法⑥

学習課題ア 「対比」「仮定」(実践提供 筆者)

「ジーンズ」(高橋順子)[8]から

ここで紹介する実践は筆者が若かりし頃行い、『新しい時代の国語科教育・人権教育』(一九九六:六二―七七)に未署名で提供したものです。「詩は教えられるものではない。感じるものだ」と言われます。「だから、自由に読ませればいい」とも言われます。筆者もその指導観を否定しません。

ただ、国語の授業で「自由に感じてください」「感じたことを交流しましょう」といった授業を組織すると、読書量の多い子どもだけが活躍し、多くの子どもは「よくわからない、つまらない」という感想をもつ授業になってしまいます。

これから紹介する授業は、一部の研究者から批判を受ける方法になりますが、作品を映像化することで、一部の子どもだけでなく大半の子どもたちが、その世界を味わい、詩を楽しめる方法です。そして、その鑑賞の鍵を握るのは、「対比してみる」「仮定してみる」学習課題です。

ジーンズ　　高橋順子

ジーンズを洗って干した
遊びが好きな物っていいな
主なんか放っといて歩いていってしまいそう
元気をおだしってジーンズのお尻が言ってるよ
このジーンズは
川のほとりに立っていたこともあるし
明けがたの石段に坐っていたこともある
瑠璃色が好きなジーンズだ
だから乾いたら
また遊びにつれてってくれるさ
あいつが　じゃなくて
ジーンズがさ
海にだって　大草原にだって
きっと

T：授業を始める前に、この詩では、最初に次のように仮説して進めます。語り手の女性を「彼女」と呼びます。そして、この詩に出てくる「あいつ」は、（家族とも考えられますが）彼女が思いを寄せている人、としましょう。

T：「彼女」と「あいつ」は今、うまくいってないようですね。その根拠となるところをできるだけたくさん挙げてみましょう。

S：「あいつが　じゃなくて」とある。うまくいっていれば、あいつが、「遊びにつれてってくれる」はずだ。「あいつが　じゃなくて」とあるから、今、二人は一緒にどこかに出かけられない状況にある。

S：「元気をお出し」ってあるから、今、彼女は元気がないと思う。「あいつ」とうまくいってないから、元気がないんだと思う。

S：「主なんか放っといて」ってある。今、彼女は「あいつ」からも「ジーンズ」からも放っておかれているんだと思う。どこにも行けないような感じなんだと思う。

S：「遊びが好きな物っていいな」とある。「彼女」は今、遊びに行くような気持ちになれないんだと思う。それだけ、凹んでいるんだと思う。

S：「川のほとりに……」とか「明け方の石段に……」っていうのが、たそがれている。一人で思い悩んでいる感じがする。

T：ここですが、今のように彼女が一人でいるところを想像した人は手を挙げて。

S：「あいつ」と別れた場所なんじゃないかな。

S：別れた後、一人でぽつんという感じがする。

S：私は、「あいつ」と一緒にいた思い出の場所を想像しているような気がする。

T：同じように、二人でいた場所だと想像した人、つなげてみて。

S：前、二人で行ったんだけど、もうそこに二人で行くことはないんだな、って思い出しているような。
S：二人でいたこともあるし、一人でいたこともあるんじゃないかな。どっちにしても、どこか寂しい感じがするから、うまくいってないんだと思う。
S：「だから乾いたら」ってある。これ、涙が乾いたら、って読める。
S：「きっと」という響きが、とても寂しそう。ブルーな感じがする。
S：「ジーンズを洗って干した」というのは、なんか、「あいつ」との思い出も洗い流している感じがする。
T：「ジーンズ」の他にも洗い流しているものがあるのかな。
S：「あいつ」への思い。
S：「あいつ」に対する未練。
S：自分の弱い気持ちとか。（S：元気のない気持ち。S：湿っている心。S：遊びに行けない心。）
S：遊びに行けない、動けない自分自身。
T：最後に「海にだって　大草原にだって」と書いてあるけど、これ、「街にだって　映画館にだって」でもいいと思うんだけど、ダメかな。
S：ダメ。
T：なら、「海にだって　大草原にだって」と「街にだって　映画館にだって」は、どう違うんだろう。
S：海や大草原は、スケールが大きくて、「あいつ」のことを忘れられる感じがする。
S：海や大草原は、かいほう感があっていい。
T：かいほうって、どんな漢字書くの？

S：開放感。
S：解放感とも書ける。
T：何から解放されるのかな？
S：「あいつ」から？
S：元気のない自分から？
S：今の、この、もやもやっとした感じ、凹んでいる気持ちから。
T：では、「海や大草原」のよさに戻ろう。どんなよさがあるのかな。
S：「海や大草原」は、乾いたジーンズが活躍できる場所だ。
S：「あいつ」をふっきった私が自由に元気に歩いている感じがする。
S：これまでの過去の思い出の場所は「川のほとり」だったり、「明けがたの石段」という、動けない「点」で表されていた。けど、「海や大草原」だと、その動けないところから、広々とした世界に踏み出せるように読める。
T：点から、四方八方へ、広がりのある世界に開けたんだね。
S：「川のほとり」も「明けがたの石段」も、「海や大草原」も、みんな「瑠璃色」って感じがする。
T：いいですね。響き合ってますね。他にも「瑠璃色」のものって、この詩の中にないかな。
S：「ジーンズ」も「瑠璃色」だ。
S：今の彼女の心の中も「瑠璃色」！
T：なるほど……この詩は、すべて「瑠璃色」に染まっているんですね。「ジーンズ」も「川のほとり」も「明けがたの石段」も、「海や大草原」も、そして、「彼女の心」も、すべて「瑠璃色」で響き合っているんですね。

Ｔ：では、そんな風景を思い描きながら、彼女の気持ちを想像しながら、詩を音読しましょう。

いかがでしょうか。最初に読んだときと比べて、詩の解像度が、グンと鮮明になったと思います。なんとなくぼやけていた詩の印象が、「海や大草原」を「街や映画館」と仮定して、その二つの例示を対比して考えることで、明瞭になりました。理論編で説明したとおり、「対比してみる」「仮定して考える」という思考を促す学習課題は有効だと言えるでしょう。

このように、詩の映像化の解像度を上げると、子どもの感想も実にユニークで個性的になります。

次は、筆者が二〇代の頃、新潟市立白新中学校に勤めていたときの中学二年生が書いた感想集です。

○ 高橋順子さんは、とてもステキな女性だと思う。私もこんな女性になりたい。
○ 私にもいつかこんな恋が訪れるかもしれない。そのときはこの詩を思い出してみたい。
○ 私が失恋したとしたら、この彼女のように思えたらなあと思う。そんな点から言うと、高橋順子さんは、恋の大先輩だ。
○ ジーンズが乾いたら、また新しい思い出をジーンズに染み込ませればいいと思う。そんな彼女を応援したい。
○ ジーンズを洗うことで、過去や思い出を洗い流そうという気持ちはわかる。このような気持ちには、なってみたいような、なってみたくないような……。
○ ところで先生、先生はこのような体験をしたことがおありでしょうか。先生にはギターという友がおありですが、僕にも、ジーンズやギターのような友だちがほしいと思います。
○ 僕はまだ、恋をしたことがハッキリ言ってない。気になる人はいないか、と言われれば、いないとは

方法⑥　学習課題ア　「対比」「仮定」（実践提供　筆者）

言えないが、まだ、本気で付き合いたいとは思わない。その点では、失恋であれ、彼女がうらやましい。
○　海から帰ったとき、きっと彼女は一回り、ビッグになっているだろう。次の恋は成功してほしい。
○　最初の彼女のように落ち込んでる彼女がいたら、この僕が彼女のジーンズになってあげたい。

これらの感想は、「自由に感じたことを話し合おう」「自分なりに詩を味わってみましょう」といった自由度の高い授業では表出されません。作品の解像度を上げたことで、広がっていった感想です。「自由に感じたことを交流しよう」と自由度を上げると感想は不自由に狭くなり、その逆に、解釈の方向性を不自由に限定することで作品の解像度が鮮明となり感想の自由度が上がっていくのです。

この「海や大草原」を「街や映画館」と仮定して対比してみる「ジーンズ」の授業は、私の十八番です。中学生の国語の授業でも大学生の国語科教育法の演習でも、楽しい読みが共有されています。

方法⑥

学習課題イ「最適解（一番はどれか）」（実践提供　木幡真弘）

「ちいちゃんのかげおくり」（あまんきみこ）[*9] から

小学校低学年の文学の授業では、音読発表会を学びのゴールとすることがあります。登場人物になりきって読んだり、場面の情景を聞き手が想像できるように読んだりと、表現の仕方は児童に委ねられます。このとき、教師の役割として挙げられるのは、児童に音読の工夫の仕方を例示し、作品の解像度を上げる課題に向かわせることです。広く用いられている発問の型に「一番○○なのはどれ（何）か」という問い掛けがあります。複数の選択肢について比較・検討し、自分の考えをもつだけでも十分意義のある活動になりますが、音読の仕方を考えさせるための課題としても有効に働きます。

これは、木幡真弘が行った実践記録の一部です。

T：「お母ちゃん。」というちいちゃんのセリフは、いくつ出てきますか？　探してみましょう。

C：三つだ。

T：ちいちゃんは四、五歳くらいの女の子でしたね。小さい子が「お母さん」「ママ」と言うときってどんなときかな。

C：迷子になったとき。

C：抱きつくとき。

T：なるほど。不安なときや嬉しいときなど、いろいろな場面がありそうですね。ちいちゃんはどうでしょうか。今日は、ちいちゃんのセリフである「お母ちゃん。」について考えていきます。めあては、「どの『お母ちゃん。』が一番嬉しそうかな」です。授業の最後は、「お母ちゃん。」の音読の仕方を考えましょう。

①ちいちゃんはお母さんとはぐれました。「お母ちゃん、お母ちゃん。」ちいちゃんはさけびました。

②ちいちゃんの目に、お母さんらしい人が見えました。「お母ちゃん。」と、ちいちゃんがさけぶと、

③「お父ちゃん。」ちいちゃんはよびました。「お母ちゃん、お兄ちゃん。」

T：どの「お母ちゃん。」が一番嬉しそうなのか、根拠と理由も合わせて意見を書きましょう。

……（中略）……

T：②を選んだ人、どうぞ。

C：根拠は「お母ちゃんは、後から来るよ。」と、「お母さんらしい人が見えました。」です。ちいちゃん

はきっとお母さんと会えると思っていて、実際にお母さんらしい人が見えて嬉しくなったと思います。
C：でもお母さんじゃなかったんだよ。
C：いや、でも「お母ちゃん。」って言ったときは、まだお母さんじゃないことには気づいていない。
C：暗かったからわからなかったんじゃない？
T：「暗かったから」って？
C：ちいちゃんは「暗い橋の下」にいたから、よく見えなかったと思います。
C：暗くて不安だったから、お母さんらしい人を見つけて嬉しくなって叫んじゃったのかな。
C：期待して叫んでいるから、このときは嬉しかったと思います。

……（中略）……

T：次は③ですね。これは四の場面の「かげおくり」の後のセリフです。③を選んだ人、どうぞ。
C：根拠は「きらきらわらいだしました。わらいながら、花ばたけの中を走りだしました。」です。やっとお母さんとお兄ちゃんに会えて、嬉しかったと思います。
C：え、このときはまだ会えてないんじゃない？
T：どういうこと？
C：③の「お母ちゃん」は、「そのとき、体がすうっとすきとおって、空にすいこまれていくのが分かりました。」の前のセリフだから、ちいちゃんはまだ空の上に行っていない。
T：このときはまだ家族に会えてないんだね。じゃあ、ここのちいちゃんは嬉しくないのかな。
C：でも、「ちいちゃんが空を見上げると、青い空に、くっきりと白いかげが四つ。」って書いてあって、直接会えたわけではないけど、くっきりと影が映っているから嬉しいと思う。
C：②は「お母さんらしい」だったけど、今度はくっきりとお母さんの影が映っているから、②よりも嬉しいと思います。
C：お母さんの声も聞こえていたし、絶対にお母さんの影だもんね。
C：③は、「嬉しい」っていうよりも、「早く会いたい」っていう気持ちだと思います。②のほうが嬉しそう。
C：私も、嬉しいのは②だと思います。
……（中略）……
T：では、音読発表会で使う台本を出しましょう。今日は、「お母ちゃん。」の読み方を中心に、工夫の仕方を考えてみましょう。

「一番○○なのはどれ（何）か」という最適解を探す課題により、複数ある選択肢を比較する必要性が生まれます。そして、比較するときには、その根拠を探らなければならなくなります。そのテクストの根拠も比較することで、作品世界がより鮮明になってきます。このように、選択肢を比較して読み取ったことを生かす音読の仕方を考えることで、そのときの人物の心情や場面の様子をより具体的に細かく想像できるのです。
木幡学級では、「どの『お母ちゃん。』が一番嬉しそうかな」という課題により、同じ「嬉しい」という感情でも、嬉しさの度合いの違いに目を向けることができました。そして、一番嬉しいと思う「お母ちゃん。」に、「嬉しさ」のピークを持っていけるように、音読の工夫の仕方を音読台本に書き、実際に声に出して自分の声色とイメージをすり合わせていきました。
②（お母さんらしい人を見つけたときの「お母ちゃん。」）……大きく、高く、速く、明るく
③（四つの影に向かって言ったときの「お母ちゃん。」）……少し大きく、速く、暗く
これはある児童の音読台本です。音読の工夫の仕方を見ると、「お母ちゃん。」と言ったときのちいちゃんの気持ちを具体的に想像していることがわかります。特に、波線部「暗く」からは、嬉しさの中に見られる

せつなさが読み取れます。このように、「一番○○なのはどれ（何）か」という課題の検討を補助線として音読の工夫の仕方を考え、実際に言の葉に音声をのせていくことで、その情景を明瞭化し、登場人物の心情に同化していくと考えられます。

方法⑥

学習課題ウ「色」の描写への着目（実践提供　淺井初音・緑川強志・梅津南瑠）

「大造じいさんとがん」（椋鳩十[*10]）から

教材「大造じいさんとがん」では学習指導要領に応じて情景描写の巧みさについて考える授業を行うことでしょう。そして、その情景描写の中でも色彩に着目することでしょう。

淺井初音・緑川強志・梅津南瑠の協働実践では、この色彩に関する情景描写を取り上げる前に、ステップを踏んで色彩がメタファーとなる意味について考えさせています。

【第1ステップ　イントロダクション】

次の空らんには、それぞれアとイのどちらが入るのか考えてみましょう。
また、そう考えた理由も書きましょう。

問一　今日は久しぶりに友達と遊ぶ日だ。私は自転車に乗って友達の家に向かった。
　通りかかった公園には、（ア　黄色、イ　むらさき）のチューリップが咲いていた。

1、選んだ記号　↓　ア　黄色
2、そう考えた理由（解答例）

「私」は友達と遊ぶことをとても楽しみにしていると思うので、「黄色」のほうが「私」がワクワクしていることが伝わってくると思ったから。

問二　今日は朝からついてないことばっかりだ。学校から帰るぼくの横に広がる河原には、
（ア　白い、イ　灰色の）石がゴロゴロと転がっていた。

1、選んだ記号　↓　イ　灰色の

2、そう考えた理由（解答例）

「ぼく」は悲しい気持ちだと思うので、「灰色」のほうがその気持ちをあらわしていると思ったから。

問三　自転車での帰り道、転んでヒジをすりむいたぼくをむかえてくれたのは、
（ア　うすもも色の、イ　こい青色の）カーディガンを着たおばあちゃんだった。

1、選んだ記号　↓　ア　うすもも色　↓　イ　こい青色

2、そう考えた理由（解答例）

アを選んだ場合　辛いことがあった「ぼく」のことを、「うすもも色」のカーディガンを着たおばあちゃんだったら、「お〜、よし、よし、痛かったよねぇ」と優しくなぐさめてくれそうだから。

イを選んだ場合　泣いて帰ってきた「ぼく」に対して、「こい青色」のカーディガンを着たおばあちゃんだったら、「このくらい、たいしたことない、たいしたことない」と冷静に話を聞いてくれそうだから。

イントロダクションにて、子どもたちは、この問いを共有し合うことで色彩は意味をもっているということを学びました。ここでは次のように板書して、その学びを共有しています。

【板書】情景描写の色に登場人物の気持ちが表れていることがある。

次に、この学びを基にして、教材に散りばめられている色彩を拾い上げ、その意味を考えました。

【第2ステップ　習得場面】

「大造じいさんは、青くすんだ空を見上げながら、にっこりとしました。」

「東の空が真っ赤に燃えて、朝が来ました。」

同じ空ですが、二つの色で描写されていますね。

「青い空」と「真っ赤な空」から受け取る感じの違いについて考えましょう。

子どもたちからは、次のような意見が挙がりました。

「青い空」　→　悲しい、寂しい、冷たい、すっきりしている、すがすがしい、落ち着いている

「真っ赤な空」→　熱く燃えるよう、情熱、勇気、元気、気合い、怒り、危険

そのうえで、次のように問いました。

T：なぜ「語り手」は「真っ赤な空」と描写したのでしょう。

C：熱い戦い、大造じいさんの気持ちが燃えるような戦いが始まるから。

C：大造じいさんの「うまくいくぞ」という自信があふれていたから。

C：血が出てくるかもしれないから、危険で危ないことだから。

C：大造じいさんは、今日こそがんと残雪を捕まえるという気持ちになっているから。

C：残雪は、今日は、あのじいさんから仲間を守るぞという気持ちだったから。

この話合いを通して子どもたちは、私たちが色彩表現から様々な印象を受けていることを知り、もっと作品内の様々な色彩を取り上げ、その感じ方の違いについて調べたくなる意欲をもちました。

【第3ステップ　活用場面】
このほか、「大造じいさんとがん」で気になった色の描写はありませんか。みつけたら、
問一　どんなふうに描写されているか。
問二　どんな気持ちが表れているか。そう考えた理由も考えてみましょう。

ここで子どもたちが気になった二つの描写を取り上げて話し合い、次のように共有しました。

描　写：羽が、「白い花弁」のように、すんだ空に飛び散りました。
気持ち：（おとりを使ったり、しかけをして戦おうとしていた）自分と比べて、残雪が正々堂々と戦っていると感じる気持ち。
理　由：「白い」という色が正しさを表していると考えたから。

描　写：残雪は、むねの辺りを「くれない」にそめて、ぐったりとしていました。
気持ち：残雪のことを、勇敢な鳥だと思う気持ち。
理　由：「くれない」という色の表現が、残雪のかっこよさを表していると考えたから。

単発で「情景描写の色彩について考えてみましょう」という「ねらい」を設けて「色彩の意味」を考えたとしても、子どもたちはそれを他の場面で活用するようにはなりません。このようにステップを経ることで、色彩の情景描写に着目して登場人物の心情を考えることができるという〈読みの方略〉を習得し、他場面での活用が図られやすくなります。

浅井・緑川・梅津実践は、授業実践の前（プレテスト）と、この授業実践の後（ポストテスト）、そして二ヶ月後（追跡テスト）の三回、「色彩の描写から人物の心情を考える読みの方略」を活用できるかどうかを調査しました。プレ—ポストテストは同一問題であり、追跡テストは、プレ—ポストテストと設問形態と難度を合わせた問題を提示しました。プレ—ポスト調査問題と調査結果は次のとおりです。[*11]

次の文章を読み、四角で囲んだ部分から「ぼく」の気持ちが伝わって来ると思った描写に線を引きましょう。また、その描写から「ぼく」のどんな気持ちが伝わって来るかその理由も考えましょう。

今年の学年球技大会はドッチボールだ。ぼくたちのクラスは一回戦を勝ち上がり、決勝で二組と戦うことになった。「絶対にぼくたちが優勝しよう。」ぼくらは声をかけ合った。

その決勝戦、シーソーゲームとなった。二組のもう攻の前に、相手は三人残っているのに対して、ぼくのクラスの内野は、ぼく一人になった。

相手のエースの投げたごう速球がぼくを目がけて飛んできた。が、ちょうどお腹のあたりだったので、なんとかキャッチした。「よし！」

ぼくは味方を増やすために、外野の仲間にパスをした。と、その時である。人かげが通ったかと思うと、相手がぼくのパスをカットした。そして、間近のぼくに、容しゃなくボールを投げつけた。ぼくはよけようとしたが、足がもつれ、当たってしまった。

ピー、しん判の笛がひびいた。

ぼくのせいで負けてしまった……。

すべてを終えて帰ろうとした時、友達が話しかけてくれた。

「今日は負けちゃったけど、今度こそは勝とうよ。」

「おれ、最初に当たっちゃったんだよな。お前最後まで残ってすごいよ。今度どうやったら残れるのか教えてくれよ。」

下足箱でぬいだ内ばきのオレンジのラインが、目に入った。

一　その描写から「ぼく」のどんな気持ちが伝わって来ますか。
二　その理由を書きましょう。

この調査問題で問うているのは描写ですので、「内ばきのオレンジのライン」という描写に傍線が引かれ、「温かい気持ち」「救われた気持ち」などのポジティブな気持ちが書かれるかどうかを確認しました。

表2のように、ステップ学習を組むことで、授業後に五五％の子どもが、「色彩の描写から人物の心情を考える読みの方略」を習得しました。そして、二ヶ月経った後に行った追跡テストでは、約半数の子どもが方略を剥離させ、半数の子どもがその方略を保持していました。

表2●「色彩」描写の方略の保持

	2点	1点	0点
プレテスト	2名	16名	70名
ポストテスト	49名	15名	24名
追跡テスト	27名	18名	43名

梅津・緑川によると、日頃から読書が習慣化している学力上位群が方略を保持している傾向にあり、そうでない群が方略を剥離させたようです。きっと日が経てば、さらに方略を剥離させる子どもは増加することでしょう。教室での学びを実生活での読書と結びつけられるかどうかが、ポイントとなりそうです。

方法⑥

学習課題工　修飾や形容への着目（実践提供　生井さやか）

「走れメロス」（太宰治[12]）から

教材「走れメロス」（太宰治）の読みに関しては多くの実践が紹介されており、目的に応じて授業を工夫することができます。シラーの叙事詩「人質」と対比して読むという実践もありますし、視点人物をディオニスやセリヌンティウスに変更してリライトするといった実践もあるでしょう。

ここでは細かい描写に着目させた実践を紹介します。太宰は、メロスとディオニスの表情を実に豊かに描写しています。笑いに関する表情の描写を拾い上げてみましょう。

○「おまえがか？」王は、憫笑した。「しかたのないやつじゃ。おまえには、わしの孤独がわからぬ。」
○「なんのための平和だ。自分の地位を守るためか。」今度はメロスが嘲笑した。
○「ばかな。」と暴君は、しわがれた声で低く笑った。「とんでもないうそを言うわい。……（引用者後略）」
○王は、残虐な気持ちで、そっとほくそ笑んだ。「生意気なことを言うわい。……（引用者後略）」
○（セリヌンティウスは）音高くメロスの右頬を殴った。殴ってから優しくほほえみ、……（引用者後略）

太宰は、笑い一つでもこのように適語を選んで描写しています。文脈を捉え、登場人物の心情とその表情を描写する一つ一つの言葉を丁寧に考察することは語彙力の向上にとっても意味のある学習活動になります。

生井さやかは、「できるだけ多くの『表情』に関する描写を書き抜いてみましょう」「書き抜いた『表情』に関する描写はそれぞれどんなことを表していると思いますか」といった学習課題を生徒に投げかけ考えさせています。

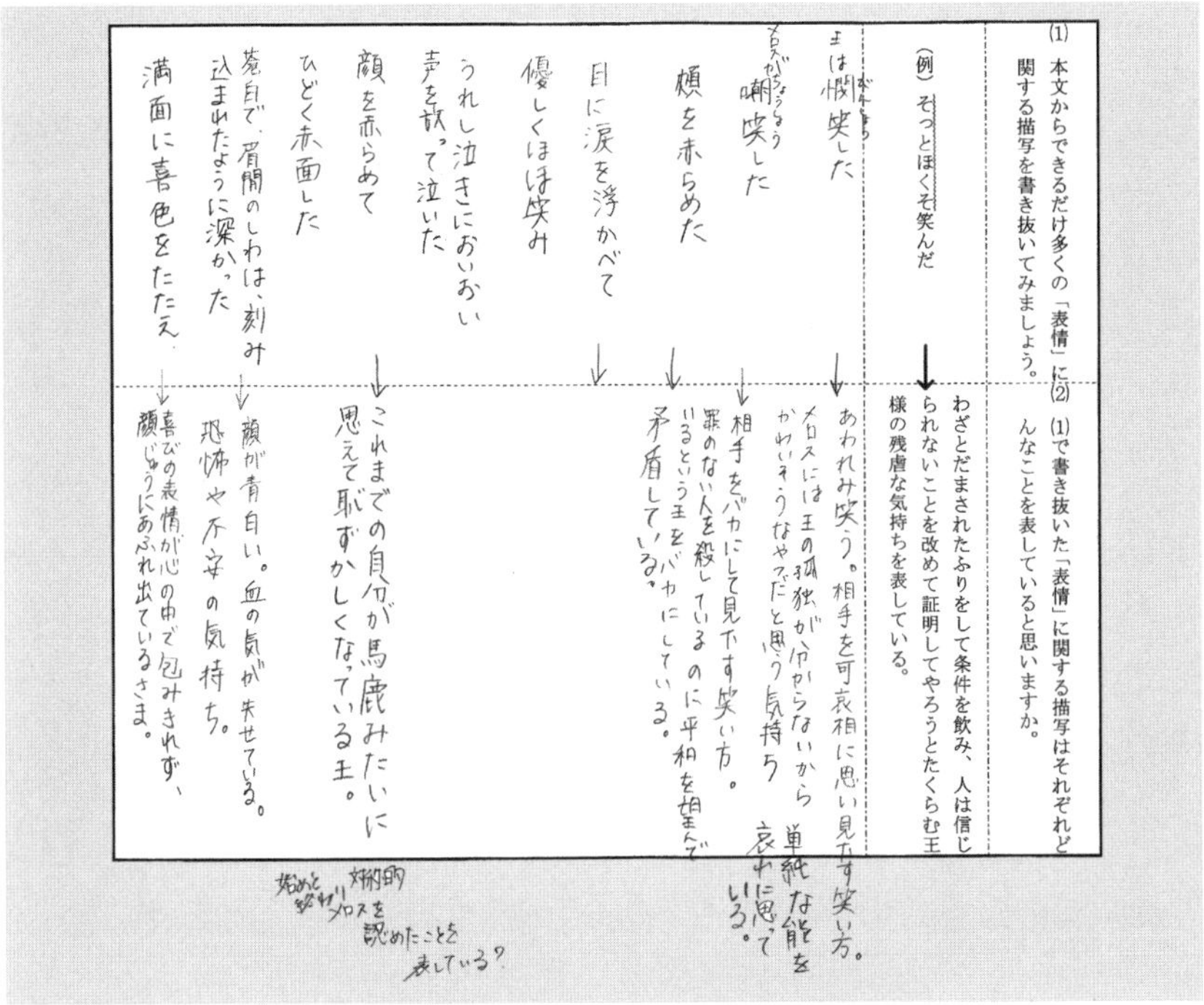

図33●生徒のノート：表情に関する描写

七〇頁でも触れましたが、「走れメロス」では、「顔を赤らめた」という描写にも着目したいところです。ディオニスは「顔を赤らめて」いますが、同様にメロスも「ひどく赤面し」ています。これは、柄にもなく勧善懲悪の物語を書いた太宰自身の照れでもあると言えます。

また、前半における人間に対する洞察に関してもメロスとディオニスはともに相手を「憫笑」したり「嘲笑」したりして罵っていますが、いずれも太宰自身の心の声であるとも言えるでしょう。

語句一つ一つの違いを分析すると、登場人物への理解が深まるだけでなく、作品全体に底流するテーマにも辿り着くことがあるのです。

方法⑦

吹き出し法――心情の解像度を上げる――（実践提供　菅原遥）

「たぬきの糸車」（岸なみ）[*13]から

理論編で紹介した「吹き出し法」の実践を一つ紹介します。

菅原遥は小学校一年生教材「たぬきの糸車」にて、「吹き出し法」を使って、「うれしくてたまらないというように、ぴょんぴょこおどりながらかえって」いったときのたぬきの心情を考えさせました。授業では「たぬきがぴょんぴょこ踊りながら帰っていったとき、心の中でどんなことを思っていたかな。できるだけたくさん書いてみよう。」と投げかけ、複数の吹き出しに心の声を書かせています。

表は、抜粋した児童の吹き出しの記述です。

「登場人物はどんな気持ちでしょう」と尋ねると、「嬉しい気持ち」「悲しい気持ち」などの意見が挙がると思います。このような意見には「何が嬉しいの？」「どのように悲しいの？」などと問い返すことで、ぼんやりとした考えが少しずつ鮮明になっていきます。殊に、小学校低学年の児童は持ち合わせている語彙が少なく、このようなやりとりをすることが多いのではないかと思います。

しかし、本授業では、「登場人物はどんなことを考えていたかな。できるだけたくさん、心の声を吹き出しに書いてみよう」という課題により、登場人物に同化して心の声を書き表しています。波線部の記述から、糸車を回せた喜び（児童㋐㋓）、恩返しできた喜び（児童㋑）、おかみさんに気づいてもらえた喜び（児童㋓㋔㋕）、罠をほどいてくれたおかみさんへの感謝の気持ち（児童㋒）などが読み取れます。「たぬきが何に喜んでいるのか」と教師が問い返さなくとも、「嬉しい」気持ちを生き生きと表現しています。

さらに、できるだけたくさん吹き出しに書くという条件をつけ加えることで、登場人物の心情を多面的に想像させることができます。例えば、児童㋓は、「糸車たのしかった。またやりたいなー」「糸車つかれたけ

表3●児童の記述：「吹き出し」でのつぶやき

児童㋐

- たのしかったな。またいきたいな。糸をいっぱいつくれて、たのしかったな。
- 見てくれたのか。うれしいな。うれしいな。よろこんでくれるかな。

児童㋑

- わなにひっかかったおれいができた。
- よろこんでくれたかなー。
- おかえしができた。やったー。
- おかみさんいい人だったなー。

児童㋒

- おかみさんよろこんでくれるといいな〜。
- いたずらはやめてまた糸をつぎにくるからね〜。
- わなをほどいてくれてありがとう。
- おかみさんやさしいね。

児童㋓

- 糸車たのしかった。またやりたいなー。
- 糸車つかれたけどたのしかった。
- また糸車をやりたいなー。やばばれたあ。でもこの人たすけてくれた人だからだいじょうぶだよね。
- よろこんでくれるかな。うれしいなあ。見てくれたのか。うれしいな。

児童㋔

- おかみさんに見られちゃった！でもあのわなにひっかかっちゃったときたすけてくれたからいいや。
- みてくれたのがうれしいな。ずっと糸車をやっちゃったよ。おかみさんたち、よろこんでくれるかな。
- 糸車をまわしてるとき、みられちゃったけど、おかみさんなら、だれにもいわないよね。
- 糸車できるたぬきいるのかな。おかみさんち、またいけるといいな。

児童㋕

- おかみさん、あんなたのしいやつやっていたんだ。またらいねんもこれたらいいな。またあえたらいいな。またね。
- たぬきでもできるんだ！　おかみさんだ。バレちゃった。でも、なんだかうれしいな。
- またらいねん、村におりていくときに、たのしかったから、またこよう。
- うれしいな。おかみさんに見られちゃった。わなからたすけてくれたからいいや。
- こんどは、なかまもつれていこう。こんどもまわすね。おかみさん、さようなら。

どたのしかった」という心の声を記述しています。いずれも「糸車が楽しかった」ことに言及していますが、表現内容が微妙に異なります。一つの吹き出ししか用意されていなかった場合、どちらかの心の声は表出されていなかったと推測されます。複数の吹き出しに記述させることで、多面的に細かな心情まで表現することができ、登場人物の心情の解像度を上げることができました。

ところで、子どもたちは意見交流の時間に、友だちの考えを聞いて、よいと思える心の声を書き加えていました。自分が気づいていなかった考えを友だちの発言で聞き、自分の吹き出しに書き足したくなったのだと思います。内田樹（二〇一二：二四〇）は「僕たちの言語資源というのは、他者の言語を取り込むことでしか富裕化してゆかない」と述べています。この「他者の言語を取り込む」作業を続けることで、語彙が増えたり、多面的なものの見方・感じ方を学んだりしていくのでしょう。

次はたぬきがぴょんぴょこ踊りながら帰っていったときのたぬきの心の中を吹き出しに書いた活動の後の交流場面です。

T：では、書いたことを発表してください。

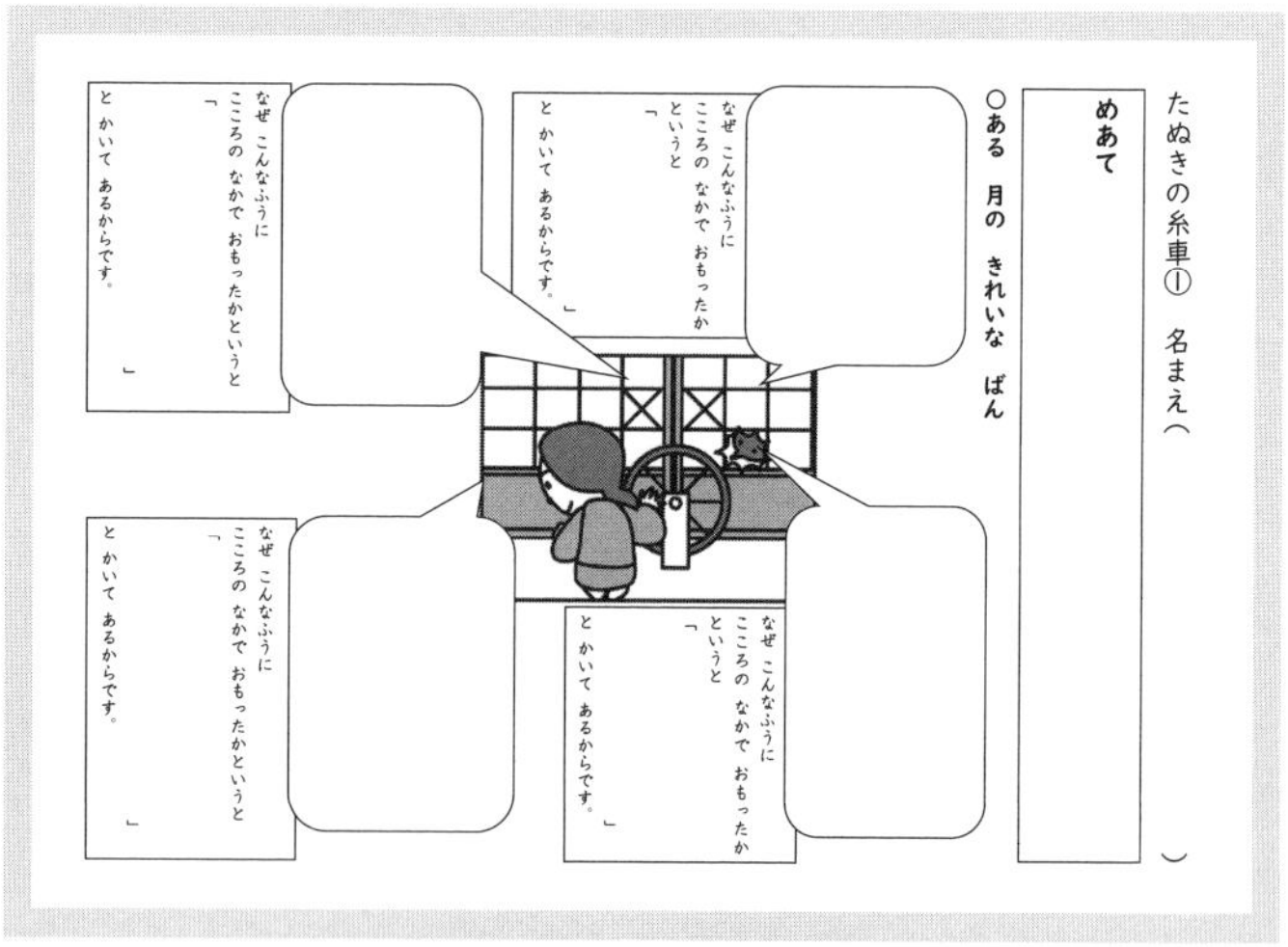

図34●「たぬきの糸車」の吹き出しシート

C：嬉しいなあ。
C：おかみさんに見られちゃった。でもあの罠に引っかかったとき、助けてくれたからいいや。
C：またいつか行くからね。待っててね。(糸車を回すことを)一緒にやったことないけど、また今度一緒に糸車やろうね。
C：見てくれたのか。嬉しいなー。
T：「見てくれたのか」って誰が何を見てくれたの？
C：おかみさんが糸車を回しているところを見てくれた。
T：見てくれて、「嬉しいなー」って、なんで思ったんだろう。
C：自分が作っているのを見てくれたから。
T：おかみさんに助けてもらって、その助けてくれたおかみさんが見てくれて嬉しかったってことだね。
……(中略)……
C：今度も回すね。おかみさんさようなら。
C：楽しかったな。また行きたいな。糸をいっぱい作れて楽しかったな。
C：なにも起こらなかったなー。まあ楽しかったからいいか。あの人(おかみさんが)やってたのってなかなかおもしろかったな。でも、なんか微妙。でもまあいっか。ぷぷぷ。
C：最後の「なんか微妙」は……。
T：「なんか微妙」って思っているのかな。何が「微妙」だと思ったんだろう。
C：(たぬきが)ちっちゃいからじゃない。
C：背が小さいから。
C：手が小さいから。

C：ちょっとやりづらかった。
T：なるほどね。
……（中略）……
C：糸車って回すの楽しいね。飽きないからずーっとやっちゃったよ。①おかみさんたち喜んでくれるかな。
C：おかみさん、あんなに楽しいやつやっていたんだ。また来年も来れたらいいな。また会えたらいいな。またね。

この共有場面の意見交流は読み応えがあります。

前述しましたが、同じ心内語「嬉しかった」「楽しかった」にしても、その嬉しさや楽しさには質の違いがあります。確認してみましょう。

① 糸車を回す楽しさ
② おかみさんに見つかった嬉しさ（おかみさんがわかってくれた嬉しさ）
③ 自分を助けてくれたおかみさんの手伝いができた（恩返しできた）嬉しさ
④ その恩返しがおかみさんに伝わって、おかみさんが喜んだことを知った嬉しさ

前述の「最適解（一番はどれか）」で尋ねてもよいところです。

授業者菅原はコーディネートする際に、この差異を顕在化しようとして指名順に配慮しながら、「『嬉しい』ってなんで思ったんだろう」と問い返しています。そして、最終的に波線①「おかみさんたち喜んでくれるかな」という「恩返し」をすることで、相手を「喜ばせたい」といううたぬきの心情に気づかせています。「自分のしたこと」が「相手に伝わること」はもちろん嬉しいことですが、「自分のしたこと」で「相手が

喜んでくれた」としたならば、その喜びは倍増するでしょう。この喜びの意味を共有できた学級では、他者を楽しませることが自分の楽しみになるという正のループが起こるかもしれません。

前項で紹介した、「この中で一番、嬉しかったのは、どれかな」という問い返しをすると、さらに有効であったかもしれません。

いずれにせよ、「登場人物の心の声をたくさん吹き出しに書こう」という「吹き出し法」が、登場人物の心情の解像度を上げ、このような話合いのベースになっていたと言えるでしょう。

方法⑧ 手紙を書く活動——心情の解像度を上げるⅡ——「かさこじぞう」（岩崎京子[*14]）から（実践提供 田川朗子・本間礼諭）

理論編（方法論）で述べたとおり、登場人物になって他の登場人物に手紙を書くという活動も、その人物の心情把握に有効に機能します。田川朗子（二〇二一：一五一—一五四）と本多礼諭は、教材「かさこじぞう」（岩崎京子）の毎時間の振り返りにて、手紙を書く活動を位置づけ、その効果を考察する実践研究を行いました。その単元構想は次のとおりです。

第一次（一時間）•全文を通読し、初読の感想を書く。
　　　　　　　　•単元の学習計画を確認する。
第二次（八時間）★場面ごとに読む。
第三次（四時間）•「かさこじぞう」のアフターストーリィを書く。
　　　　　　　　•昔話について調べる。

・調べた昔話について発表する。

第四次（一時間）★単元の学習を振り返る。

手紙を書く活動を設定したのは第二次と第四次です。第二次では毎時間の終末で授業の振り返りとして手紙を書く活動を行い、第四次では単元の振り返りとして手紙の書き手と受け手を学習者自身が選択して書く活動を行いました。各時間の授業のねらいと手紙の設定は**表4**のとおりです。

表4●「かさこじぞう」の各時間の授業のねらいと手紙の設定

	授業のねらい	書き手と受け手（宛先）の設定
2時間目	じいさまとばあさまのくらしは、しあわせだったかな。	学習者→じいさまとばあさま
3時間目	町にいったじいさまについて、かんがえよう。	学習者→じいさま
4時間目	かさがうれなかったじいさまについて、かんがえよう。	
5時間目	じいさまのやさしさについて、かんがえよう。	
6時間目	ばあさまのやさしさについて、かんがえよう。	学習者→ばあさま
7時間目	ばあさまのやさしさについて、かんがえよう。	じいさま→ばあさま
8時間目	真夜中のできごとについて、かんがえよう。	学習者→じぞうさま
9時間目	真夜中のできごとについて、かんがえよう。	じぞうさま→じいさまとばあさま
14時間目	かさこじぞうのふりかえりをしよう。	書き手と宛先を自由に設定

この研究実践を行った目的は、子どもたちがどのような手紙を書くのか、その実態を把握するとともに、それぞれの手紙にはどのような性格や特徴が認められるのかを分析し、それぞれの効果を考察することでした。ここでは、七時間目に行った、「じいさま」になりきって「ばあさま」に向けて書いた手紙を取り上げ、この学習活動の効果について紹介します。

児童㊁や㊄の内容は、手紙形式でなくともよく見られる記述です。通常の振り返りであれば、「じぞうさまにかさこをかぶせたことがわかりました」や「ばあさまは本当にやさしいなと思いました」といった感想を学習者は書くでしょう。それに対して、児童㋐や㋑、㋒の手紙は、感想文では表れにくい、手紙特有の記述が表現されています。

手紙を書く過程で、学習者は叙述を基に登場人物の心情を想像して手紙を書いています。たとえば、波線①「『もちこもかってくるで。』と、いったけどかえなくって、ごめんね」という記述は、じいさまの「帰りに

表5●児童の記述：手紙文㋐〜㋔

児童㋐　ばあさまへ
かさこは売れなかったけど、またこんど売りにいってくるよ。
じいさまより

児童㋑　ばあさまへ
かさこもうれないし、①「もちこもかってくるで。」と、いったけどかえなくって、ごめんね。
じいさまより

児童㋒　ばあさまへ
ばあさま、まっててくれてありがとう。
ばあさまのおかげで、からだがとてもあったまるよ。
じいさまより

児童㊁　ばあさまへ
じぞうさまにかさこかぶせてきたんだ。ええことしてきたんだ。さむいふぶきの中だったけど、じぞうさま、すごくさむそうだったからたすけてあげたんだ。
じいさまより

児童㊄　ばあさまへ　ばあさまは、本当にやさしいのう。
じいさまより

表6●児童の記述：手紙文㋕㋖

児童㋕　ばあさまへ

②わたしもお母さんやお姉ちゃんがまだかえってきてないときにそう思います。

学習者より

児童㋖　じいさま、ばあさまへ

かさを売るのもいいけれど、木を切って売るのもいいよ。あと、売るときにもっと声をはり上げるといいよ。

村人より

は、もちこ買ってくるで。」「もちこももたんで帰れば、ばあさまはがっかりするじゃろうのう。」といったテクスト内の台詞に着目し、もちこを買うことができず、ばあさまに申し訳なく思うじいさまの心情を手紙に表現していると言えます。登場人物になりきって手紙を書こうとするとき、学習者はおのずとテクストの叙述を丁寧に拾い上げることになります。これは学習者がテクストと対話している姿と捉えることができるでしょう。

また、書き手を登場人物に設定せず、学習者の立場で書いた手紙にも、児童㋕のような手紙が見られました。

これは、六時間目に、学習者がばあさまに宛てて書いた手紙です。手紙の中で、この学習者は自分の体験を想起しています。「風が出てきて、ひどいふぶきになりました」や「じいさまは、とんぼりとんぼり町を出て」といった叙述を拾い上げ、吹雪の中長い時間をかけて帰るじいさまを心の中で映像化しています。そして、「こんな吹雪の中でじいさまは道に迷ったり怪我を負ったりしていないだろうか」と家で一人心配しながらじいさまを待つばあさまの姿を具体的に想像していると考えられます。その想像の末、この学習者は、波線②にあるように、一人で母と姉の帰りを待った自分自身の体験を想起し、そのときの気持ちをばあさまに手紙で伝えています。これは、叙述を丁寧に拾い上げながら読むこと、すなわちテクストと対話することで引き出された記述であると言えるでしょう。

最後に、一四時間目に学習者が「村人」の立場でじいさまとばあさまに宛てて書いた手紙（児童㋖）を紹介します。

この学習者は、あたかもかさこを売るじいさまの前を通りかかった村人であるかのように手紙を書いています。学習者は場面の様子や登場人物の行動を具体的に想像し、市場の賑わいや、その喧噪に紛れまいと声を張るじいさまの姿を自らの脳内に映像化していると推測されます。そして、かさこを売るじいさまに向けて声をかけているのです。この学習者は、手紙を書く過程で想像力をはたらかせて作品世界に参加していると言えます。

手紙を書く活動は作品世界への参加を促すことがわかります。

このように見てくると、手紙を書く活動によって作品の解像度が上がり、作品世界がより鮮明に見えることが期待できると言えます。そしてその鮮明化された作品世界に参加し、自らもその作品世界の住人となって生きること――登場人物に語りかけたり、その状況を体験したりすること――は、学習者の読みをより豊かなものにしてくれると言えるでしょう。

方法⑨

作者情報と平行読書（実践提供　新井陽）

「やまなし」（宮沢賢治[*15]）から

「やまなし」（宮沢賢治）は、描かれている情景の画素数を鮮明にして映像化することが難しい作品です。一二月の谷川の様子など、渓流釣りや冬のトレッキング、キャンプを趣味にしている人でなければそのベースになる経験がありませんので、具体的な映像化は難しいことでしょう。山登りとキャンプを趣味としている筆者としては、それを子どもたちが肌感覚をともなって理解するということ自体に、そもそも無理があると考えています。

それと同時に筆者は、「この『やまなし』は、もともと幻燈機で映写することを目的として書かれた作品だったのではないか」という仮説をもっています。物語と紙芝居が違うように、小説とドラマの脚本が違うように、その当時流行していた幻燈機で映写することを目的として作られた映像作品であると想定すると、この作品の書かれ方や描写の方法が理解できるのです。それを通常の物語と同様に文字媒体だけで読もうとすることが、そもそも無茶だということです。筆者は幻燈機を使ったことはありませんが、山岳写真をスライド用のポジフィルムで撮影し、映写機で一枚一枚めくりながら投写して写真を鑑賞していましたので、幻燈機を使った映像世界というものも想像できます。暗闇の中、幻燈機の投写板を一枚一枚入れ替えて「やまなし」の各場面を映写すれば、より自然に作品世界を肌感覚で理解できると思うのです。

　では、その「やまなし」という作品をどのように授業したらよいでしょう。筆者としては、幻燈機やスライド映写機で映像を映しながら読むのが一番よいと思っています。しかしながら、その準備は難しいでしょうから別の角度から攻めてみましょう。

　光村図書には、この「やまなし」と一緒に「イーハトーヴの夢」（畑山博[*16]）という宮沢賢治の伝記とも言える説明文が掲載されています。作者情報という補助線を引くことで、それを参考にして

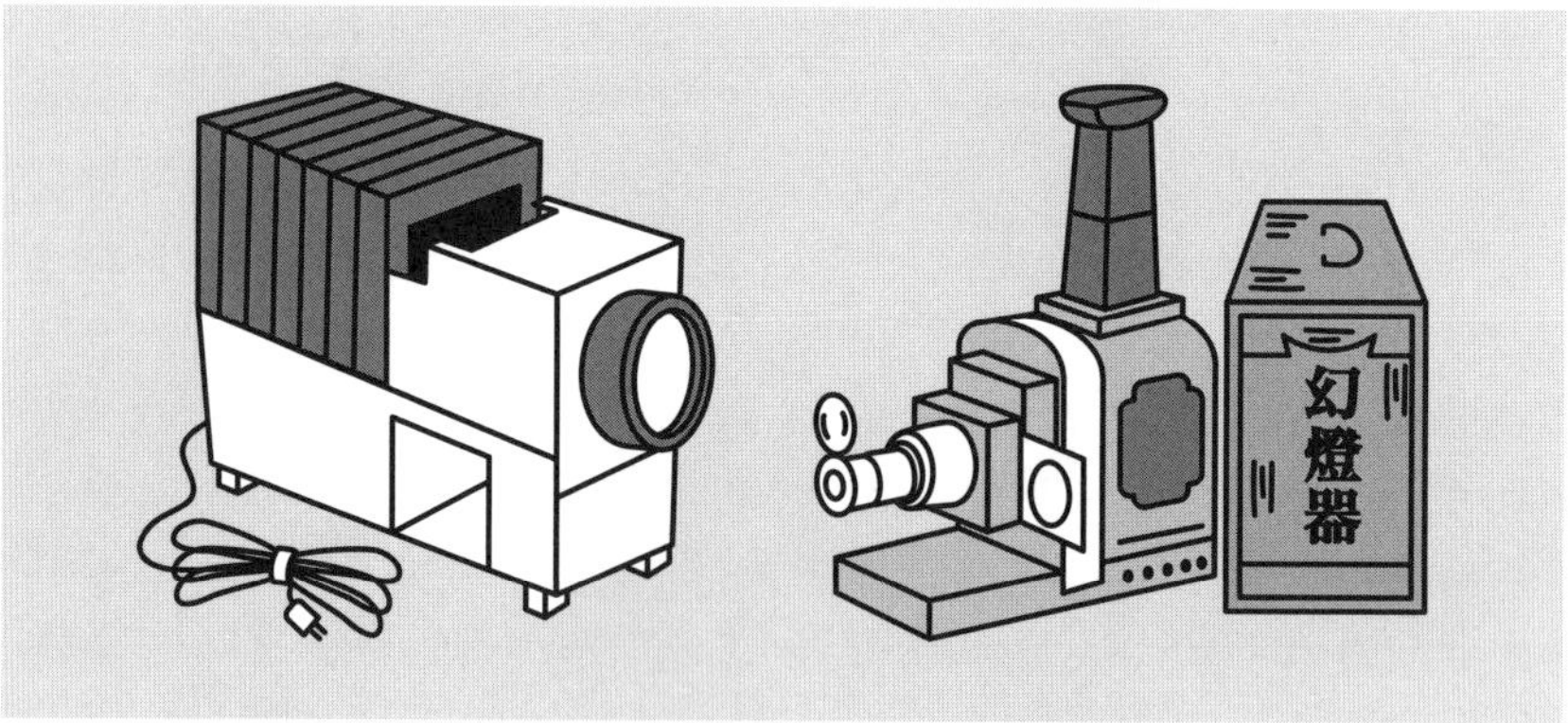

図35●幻燈機（右）と映写機（左）

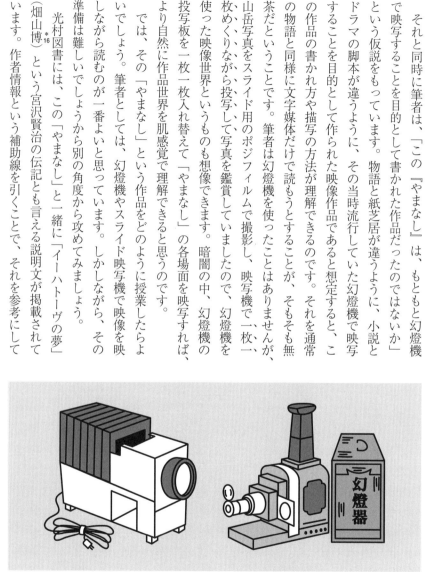

「やまなし」を読んでみましょうという教科書編集部の意図です。学習者にはこの「イーハトーヴの夢」を端緒として、タブレットを使って様々な宮沢賢治の情報にアクセスし、様々な作者情報と関連させて本作品を読み味わってほしいと願います。

新井陽は、「やまなし」と関連させて「イーハトーヴの夢」を読む際に、思考ツールのウェビングマップを活用して、作者情報を整理させています。そして、「やまなし」とともに「注文の多い料理店」を一斉に読んだ後、他の賢治作品と平行読書しながら、賢治から受け取ったメッセージをまとめるという重層的な実践を行っています。

Aさんは**図36**のようなウェビングマップをまとめました。ウェビングマップはICTでも有効ですが、ノートにどんどん書くBさんのような子もいます（**図37**）。賢治がしたことを整理しながら、賢治の思いや理想として書かれていたところを色分けして考えています。それにより、作者情報が実際起きたことと、作者の価値観や理想に分けることができます。Aさんが特に着目していたのは、「人間も動物も植物も、たがいに心が通い合うような世界が、賢治の夢だった。」という作者の思いであり、Bさんが特に着目したのは、「自然災害や農作物の被害などの事実」のようです。このように、ウェビン

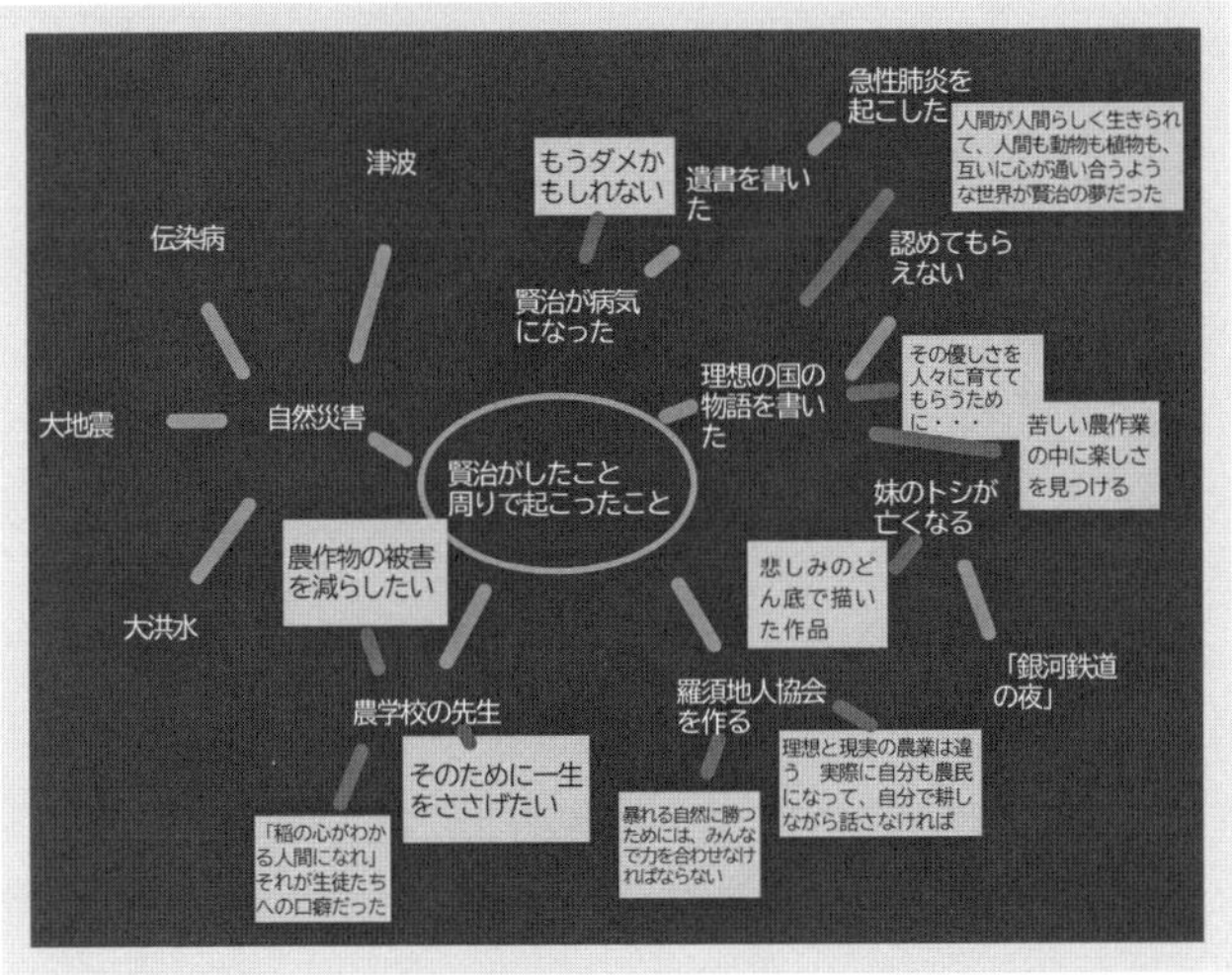

図36●児童のウェビングマップ例①

グマップにまとめていくと、文章から鍵概念が少しずつ浮き上がってきます。

ウェビングマップというのはイメージマップ、ワーズマップと言うこともありますが、この作業を作文や表現活動の題材探しやアイデア創出時に行うと、二〇頁でソシュールの言語学を引用しながら説明したように、「言語化をすることで、茫漠としている考えや思いというものを明瞭化できる作用」があります。新井実践ではそれを作品の読みの場面で行っていますが、この二人の児童は、マップによりその思考の整理ができています。

この後、新井実践では賢治情報と「やまなし」と「注文の多い料理店」を関連させた共有場面にて、賢治から受け取ったメッセージを交流しています。

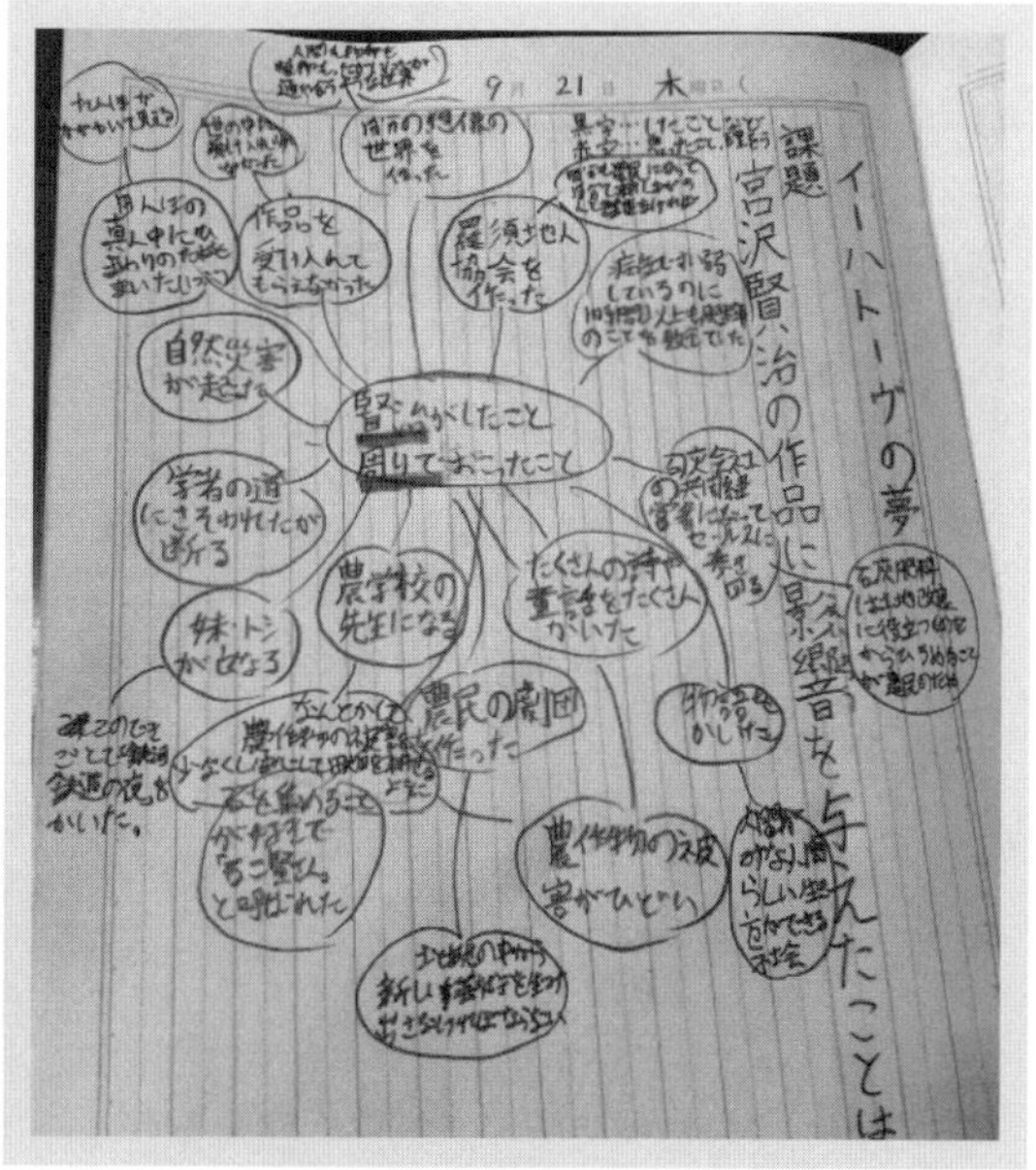

図37●児童のウェビングマップ例②

C：五月はかわせみが魚を食べる、一二月はかにがなしを食べようと待つところから、食物連鎖を表しているのかもしれない。

C：それってさ、「注文の多い料理店」ともつながると思う。自然の恐ろしさとか、見くびってはいけないとか……賢治が大切にしたことなんじゃないかな。犬も山猫も、かにもなしもすべて生き物、自然だよね。

C：賢治の願いは「動物も植物も……」というところがあるから、鳥も魚もかにもその一部だと思う。賢治は自然のつながりを大切にしたんじゃない。奪う奪われるじゃなくて、支え合うという考え……。

さらに新井実践では、この後、平行読書として宮沢賢治の作品をたくさん読ませ、それらを関連づけて宮沢賢治のメッセージを考えさせました。「銀河鉄道の夜」「オツベルと象」「水仙月の四日」「よだかの星」「セロ弾きのゴーシュ」「なめとこ山の熊」「グスコーブドリの伝記」「雨ニモマケズ」「カイロ団長」などです。複数の作品から共通するメッセージを抽出するというのは、理科や算数で様々な事象から共通する法則性を見出す思考力を使います。国語においても、子どもたちに汎用性あるこの思考力を発揮させ、その力を養いたいものです。

◉注

＊1　引用にあたり、東京書籍　令和二年度版小学校教科書『新しい国語 二上』を参照しています。

＊2　本実践編では、児童の発言や記述に対して授業者が文意を損ねない程度に手を加えているものがあります。手塚実践は、佐賀県教育センター「2年実践例「名前を見てちょうだい」」(saga-ed.jp)（授業案）namae-ryaku4.pdf (saga-ed.jp) を参考にしています。

＊3　引用にあたり、光村図書　令和二年度版小学校教科書『こくご 二下　赤とんぼ』を参照しています。

＊4　引用にあたり、三省堂　令和三年度版中学校教科書『現代の国語 1』を参照しています。

＊5　引用にあたり、三省堂　令和三年度版中学校教科書『現代の国語 1』を参照しています。

＊6　次の書籍を参考にしました。渡部淳＋獲得型教育研究会編　二〇一〇『学びを変えるドラマの手法』　旬報社

＊7　引用にあたり、三省堂　令和三年度版中学校教科書『現代の国語 3』を参照しています。

＊8　引用にあたり、三省堂　平成一八年度版中学校教科書『現代の国語　2』を参照しています。
＊9　引用にあたり、光村図書　令和二年度版小学校教科書『国語　二下　あおぞら』を参照しています。
＊10　引用にあたり、東京書籍　令和二年度版小学校教科書『新しい国語　五』を参照しています。
＊11　本調査は独立採点者を立てて明確な採点基準のもと調査しています。二つの調査校では、プレ―ポストテストから追跡テストまでの間に、「色彩」に関することは授業で一切触れていません。この方略剥離、方略保持の確率は、高いと言えるのか、低いと言えるのか、これは議論の分かれるところでしょう。類似の調査問題を行うことで、調査を繰り返す学習の成果として解答できた子どももいたのではないかとも推測されることをここに補足します。
＊12　引用にあたり、三省堂　令和三年度版中学校教科書『現代の国語　2』を参照しています。
＊13　引用にあたり、光村図書　令和二年度版小学校教科書『こくご　一下　ともだち』を参照しています。
＊14　引用にあたり、東京書籍　令和二年度版小学校教科書『新しい国語　二下』を参照しています。
＊15　引用にあたり、光村図書　令和二年度版小学校教科書『国語　六　創造』を参照しています。
＊16　引用にあたり、光村図書　令和二年度版小学校教科書『国語　六　創造』を参照しています。

◉文献

淺井初音　二〇二四　『「色」の描写に着目して読む授業―読みの方略の獲得と剥離―』（非売品）
内田樹　二〇一二　『街場の文体論』　ミシマ社
佐藤佐敏　一九九六　「ジーンズ」　国語教育実践研究会編　『新しい時代の国語科教育・人権教育』　三省堂
田川朗子　二〇二一　「文学教材における手紙を書く学習活動（3）―「かさこじぞう」の実践を通して―」　全国大学国語教育学会編　『国語科教育研究：第一四〇回春期大会（オンライン）研究発表要旨集』
渡部淳＋獲得型教育研究会編　二〇一〇　『学びを変えるドラマの手法』　旬報社

終章

赤ちゃんが言葉を覚える過程はヘッブの法則（ヘブ則）で説明されることがあります。D・ブオノマーノ（二〇一二：四三―四四）が大脳生理学の知見を用いて説明している箇所を、さらに平たく要約して説明したいと思います。

赤ちゃんが猫を見ているとします。そのそばで親が、「ネコちゃんよ、あれはネコちゃん。かわいいわねえ」と囁いたとしましょう。このとき赤ちゃんの脳内には、目から入った視覚情報が脳内の視覚野に伝達されると同時に、耳から入った聴覚情報が脳内の聴覚野に伝えられます。時を同じくして、脳内の二つの神経経路に信号が走ったということです。

赤ちゃんが猫を見るたびに、誰かが「ネコだね」と赤ちゃんに話したとしましょう。この状態は、視覚器官から視覚野に入る信号と、聴覚器官から聴覚野に入る信号がいつも同時に活性化しているということです。この状態が繰り返されることで、赤ちゃんは、猫という物体は「ネコ」と呼ばれる物体なのだと認識していくという話です。

さらに、その認識の方法を獲得した赤ちゃんは、猫を見ていなかったとしても、誰かが「ネコ」と言った言葉を聞いただけで、猫という物体を脳内に図像化することができるようになるということです。

この「もの」と「ことば」を結ぶ過程は、「ものを認識する」ということでもあります。

私は脳科学者ではなく専門外の内容でしたので、ヘッブの法則を理論編で説明することは控えました。専門家ではありませんので、先の説明に学問的な正確さが欠けているかもしれません。しかしながら、この赤ちゃんが言葉を獲得する過程を援用すると、私たちが物事を認識するということがどういったことなのかがさらに理解しやすくなります。

学校現場には、残念ながら認知機能の低い子どもがいます。その子どもは幼少のとき、上記のような場面に出合う機会が少なかったのではないかと推測できます。きっと、様々な「もの」を見る機会（視覚器官から視覚野に信号を走らせる機会）が少なかったのでしょう。また、何か「もの」を見たとしても、「ことば」と「もの」が結びつけられる機会（視覚野と聴覚野に同時に信号が走る機会）が少なかったのでしょう。人間として生まれてきたその初期環境の差がその後の認知機能の差を生むとするならば、なかなか切ない思いに駆られます。

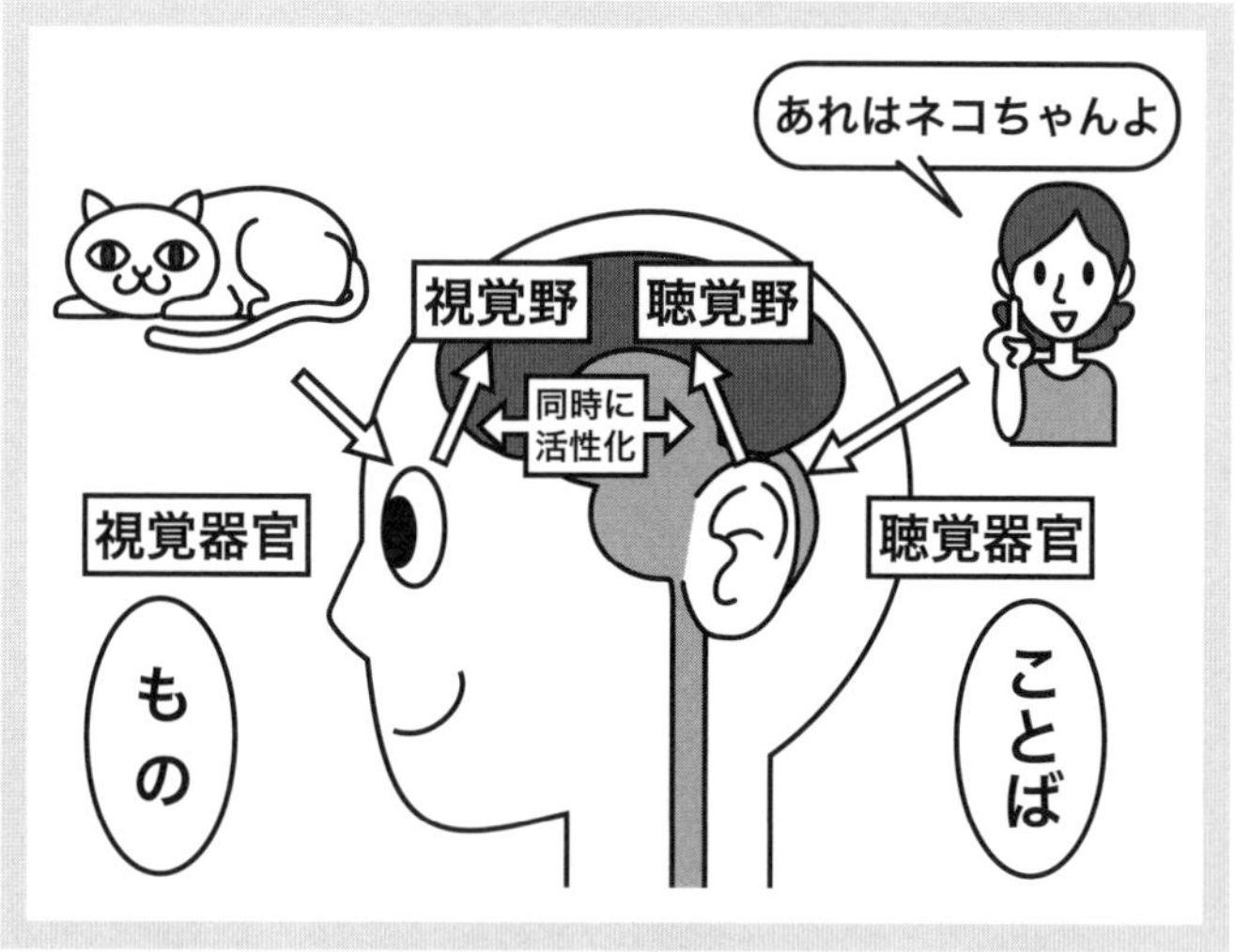

図38●ヘッブの法則（ヘブ則）

私は今、赤ちゃんが言葉を覚える過程を用いて説明しましたが、これは乳幼児期に限った話ではありません。内田伸子（一九九六：二一一―二一三）によると、覚えた文字記号を使って作文するときも、子どもはまず、文字を一つ一つつぶやきながら、唇の動きを伴いながら文字を拾って書いていくということです。聴覚器官を活用して書くという作業をするということです。そして、徐々にそのようなつぶやきが少なくなっていき、最後にはそのつぶやきをすることなく、作文できるようになるのだそうです。

同様に、文字記号を読むという行為においては、聴覚器官を活用した音読から始まり、いずれつぶやき読みになり、最後には黙読ができるようになっていきます。文字記号としての「ことば」の集合体を理解する際にわざわざ聴覚器官を使う過程を経るのは、先に説明したヘッブの法則で「もの」と「ことば」を結びつけて「もの」を認識することと関連があるのかもしれません。「さ」「か」「な」という文字記号を目にして、「さかな」と読めるようになり、「魚」を脳内に図像化できるには、子どもの発達段階として一度聴覚器官を経由する必要があるのでしょう。そして、子どもたちは、いつのまにか聴覚器官を使わずに（聴覚器官を使う過程を一つ省略して）、黙読で文字記号を入力したときに、その文字記号である「ことば」が意味する「もの（こと）」の表象を脳内に描くことができるようになるのでしょう。文字記号に触れただけで、その情報の意味を理解できるようになっていくのでしょう。

これが、文字記号を入力して、「ことば」と「もの（こと）」が結びついていく過程だと捉えられます。

義務教育では、この「ことば」と「もの（こと）」の往還を図る莫大な作業がずっと行われています。ある「ことば」に触れた後、すぐにその表象を思い描くことができる子どももいれば、それができない子どももいます。表象を思い浮かべることができる子どもは、多くの「もの（こと）」における情報を脳内に蓄積していると言えるでしょう。それは、「もの（こと）」に触れた多くの経験を有しているということであり、様々な知識をもっているということです。加えて、表象を思い浮かべることができる子どもは、「ことば」を表象する処理作業に慣れているとも言えるでしょう。本著では、それを平たく「解像度を上げて映像化してみる」という表現で説明してきました。

これは国語に限らず、すべての教科で行われている、物事の認識にかかわる営みです。

そして、国語は、特に、その「ことば」を丁寧に扱っている教科であります。

本著で私が問題意識としたのは、国語を教える教師は、この「ことば」と「もの（こと）」の関係を今以上に意識したらよいのではないか、ということでした。そして、本著で私が主張したかったのは、国語を教える教科では、その認識の過程を理解したうえで学習活動を組織しませんか、ということでした。

本著で取り上げた具体的な方法論には、特段目新しいものはありません。様々な実践の寄せ集めです。しかし、この「認識の仕方を教えるのが国語の授業の本質」だと考えてそれぞれの実践を見直すとき、何に留意して子どもたちの学びを見取るべきなのか、が明らかになってきます。そして、その見取りに沿った問い返しが必要であることが理解されると思います。

本著を読まれたみなさんが、この「ことば」と「もの（こと）」の関係性における認識を再確認してくださったとするならば、これ以上の喜びはありません。

ところで、私は本著を執筆しながら、僭越極まりありませんが、先人たちの残した研究や実践の功績を次世代にしっかりと繋げていかなければならないという責務を感じていました。学位の指導をしてくださった齋藤勉先生を筆頭に、宇佐美寛先生、井上尚美先生らの理論から私は多大なる影響を受けてまいりました。すでにお三方は他界しております。お三方をはじめとする先人の研究者、実践者たちに心からの敬意を表し、先人たちに捧げるつもりで本著を執筆しました。興味をもたれた方は是非とも文献にある原典にあたり、先人たちの理論や実践に直接触れてほしいと思います。

加えて、読者のみなさまからは、次のような声も聞こえてきそうです。

「今どき、一般意味論を持ち出す必要はあるのか」

「F・D・ソシュールにまで立ち返る必要があるのか」

「それぞれの理論の真髄は別のところにあり、この箇所を引用するのはいかがなものか」このようなご批正もあることでしょう。

しかし、先人たちが唱えた理論を、昨今顕在化している認知機能の問題や読解力の問題に照射するとき、これまで実践家にまであまり浸透していなかったその理論が再評価されることになるのではないかと思います。そして何より、それらの理論への光の当て方を変えて日々の授業に適応することで、現代の子どもたちが抱えている問題を解決する糸口がみつかることになるのではないかと考えます。

本著に記した理論を踏まえて実践を重ねていくことで、みなさまの教室の子どもたちの学びが今以上に豊かに深くなることを願っています。

最後になりましたが、本著を執筆するにあたり、福島近郊の実践家のみなさまから楽しい実践を提供いただきました。また、臼井弘志様、藤塚尚子様、田中斉様の装丁、デザイン、イラストによって、本著は前著『思考力を高める授業』の姉妹版として豊かな装いで仕上がりました。ここに感謝申し上げます。そして、田浦自悠様をはじめとする三省堂編集部のみなさまから懇切丁寧なご支援を賜ることで本著をみなさまにお届けすることが叶いました。ここに厚く御礼申し上げます。ありがとうございました。

◉文献

D・ブオノマーノ　柴田裕之訳　二〇一二『バグる脳　脳はけっこう頭が悪い』河出書房新社
内田伸子　一九九六『ことばと学び　―響きあい、通いあう中で』金子書房

中学校教材

【1年】

【2年】

【3年】

教材一覧

小学校教材

◉著者紹介

佐藤佐敏（さとう・さとし）

新潟大学大学院現代社会文化研究科博士後期課程修了。

博士（教育学）。

新潟県内の中学校、新潟大学教育人間科学部附属中学校教諭等を経て、現在は福島大学人間発達文化学類教授。専門は国語科教育学。日本教育実践学会理事。実践に役立つ授業理論の構築を目指している。主な著書（単著と共著）は以下のとおり。

- 『思考力を高める授業　作品を解釈するメカニズム』（三省堂）
- 『教室で５分でできるロジカルシンキング　簡単エクササイズ』（学事出版）
- 『その情報は信頼できる？　批判的思考力を育成するエクササイズ』（図書文化）中野博幸との共著
- 『国語科授業を変えるアクティブ・リーディング　〈読みの方略〉の獲得と〈物語の法則〉の発見』（明治図書）
- 『国語科授業の読みを深めるアクティブ・リーディング　〈読みの方略〉の獲得と〈物語の法則〉の発見Ⅱ』（明治図書）
- 『中学校国語指導スキル大全』（明治図書）門島伸佳との共著
- 『学級担任これでいいのだ　先生の気持ちを楽にする実践的教育哲学』（学事出版）

認識力を高める授業
読みの解像度を上げるメカニズム

2024年10月21日　第1刷発行

著　者　佐藤佐敏
発行者　株式会社 三省堂　代表者 瀧本多加志
印刷者　三省堂印刷株式会社
発行所　株式会社 三省堂
〒102-8371 東京都千代田区麹町五丁目7番地2
電話　(03) 3230-9411
https://www.sanseido.co.jp/

落丁本・乱丁本はお取り替えいたします。　Printed in Japan
〈認識力を高める授業・160pp.〉

ISBN978-4-385-36081-2

本書の内容に関するお問い合わせは，弊社ホームページの「お問い合わせ」フォーム（https://www.sanseido.co.jp/support/）にて承ります。